SENTA ZIEGLER

So bunt wie die Liebe

FARBENFROHE BEZIEHUNGSGESCHICHTEN

UEBERREUTER

Bildnachweis

Martin Vukovits (S. 12), R. William Tadros (S. 30, S. 108), Peter Leopold (S. 44), Ricardo Herrgott (S. 140), privat (S. 76, S. 120, S. 160); Alexander Tuma (Umschlag)

Die Deutsche Bibliothek – CIP-Einheitsaufnahme

Ziegler, Senta:
So bunt wie die Liebe: farbenfrohe Beziehungs-Geschichten/
Senta Ziegler. – Wien: Ueberreuter, 1995
ISBN 3-8000-3561-8

AU 322/1

Umschlaggestaltung Atelier Rendl
unter Verwendung einer Illustration von Josef Koo

Printed in Slowenia
1 3 5 4 2

INHALT

Ich widme dieses Buch »So bunt wie die Liebe« meinem Freund Ragaie William Tadros und meinen Kindern Theresa und Felix.

VORWORT

Ist der Europäer ein einsamer Egoist?

»Als ich von Europa noch träumte, war ich ganz sicher, daß mit dem wesentlich größeren Wohlstand dort auch der Mensch ein besserer geworden sein müsse«, erinnert sich Juan Flores, ein Arzt aus Nicaragua, der sich in Wien niedergelassen hat und in diesem Buch ausführlich zu Wort kommt. *»Ich habe gedacht, daß mit dem materiellen Fortschritt der Mensch moralisch besser geworden sei. Als ich dann da war, welche Enttäuschung! So viele einsame Menschen wie hier gibt es nirgendwo auf der Welt. In meine Praxis kommen immer wieder Leute, die monatelang mit niemandem gesprochen haben! Das ist für mich erschütternd.«*
Die Einsamkeit des Europäers ist vielen Menschen, die aus südlichen Ländern zu uns kommen, fremd.
Ich wäre gern Integrationsminister, der die Vielheit zu einem Ganzen verschmilzt. Ich würde versuchen, meine Mitbürger zu einer anderen Sicht der Dinge anzuregen. Kommt ein Gastarbeiter oder Zuwanderer zu uns, geht nämlich für gewöhnlich gleich die große Angst um: Was will er von mir? Was nimmt er mir weg? Warum stellen wir die Frage nicht einmal anders: Was bringt er mir mit? Tiefsitzenden Familiensinn gegen die zunehmende Vereinsamung des Europäers. Gesundes Seelennaturell gegen unsere Neurosen. Wärme gegen unsere Kälte. Gemütlichkeit gegen unseren Streß.
Wir Europäer können bloß materiellen Wohlstand abgeben. Mehr haben wir nicht zu bieten. Das ist viel, und

doch nicht alles. Viele der Zuwanderer bringen gefühlsmäßigen Reichtum ein, Ruhe, Wärme, fröhliche Gelassenheit. Warum mischen wir uns nicht besser – uns Europäern würde mehr Herz und ein bißchen weniger Vernunft gut tun. Lassen wir doch zu, daß die Ausländer unser Gefühlsvakuum auffüllen.

Dieses Buch fußt auf der Überzeugung, daß das Fremde bereichernd sein kann. Man braucht nur den Mut, die Enge der eigenen kulturellen Prägung zu durchbrechen. Die Liebe ist der einfachste Weg dahin. Sie macht das Überschreiten der oft beängstigend wirkenden Kluft leichter. Ich weiß es aus Erfahrung.

Als mich eines Abends in einem Kaffeehaus ein Ägypter ansprach, hat sich alles in mir verkrampft. Ich war total fehlprogrammiert: Er ist dir nicht ebenbürtig, nörgelte meine ängstliche innere Stimme. Er kennt nicht Goethe, nicht Schiller, weiß nicht, wer Herr Balzac ist. Wie werd' ich mit ihm diskutieren können?

Nun leben wir schon über drei Jahre vergnüglich zusammen und diskutieren auf Teufel komm' raus über Inländer, Ausländer, Krieg und Frieden, Gott und die Welt. Zu den Herren Goethe und Balzac hat sich in meiner Bibliothek längst der ägyptische Nobelpreisträger Nagib Machfus gesellt, der es mehr als wert ist, ebenbürtig beachtet zu werden. Überdies war ich noch nie von so viel Wärme und Herzlichkeit umgeben wie jetzt. Ich war es gewohnt, von Termin zu Termin zu hetzen, in Fleiß und Gründlichkeit zu ersticken. »*Renn nicht so!*« bremst mein Freund William mich jetzt ein. »*Geh nicht so langsam!*« feuere ich ihn an. Wir einigen uns auf ein mittleres Tempo. Ich wurde gottlob gemächlicher, lerne genießen, rase nicht mehr. Ich bin ja doch mit meinem ständigen Organisieren und Antreiben schon allen auf die Nerven gegangen. Während er lange gebraucht hat und immer noch daran arbeitet, mit der krankmachenden europäischen Geschwindigkeit fertig zu werden. Nicht-Europäern fällt das Aufspringen auf das Hamsterrad unserer Tretmühle ziemlich schwer. Weil in ihren Ländern oft noch ein anderes – gesünderes – Zeitgefühl herrscht. Mein Freund lernt von mir, ich lerne von ihm. Als gläubiger Christ (Kopte) hat William auch wieder etwas mehr Andacht und Ehrfurcht in mein ziemlich säkuläres Leben gebracht.

Dieses Buch fragt danach, was wir voneinander lernen können. Zehn gemischte Paare geben darüber Auskunft, was den einen am anderen fasziniert hat. Die Standardfragen lauteten: »Was hat der Mann/die Frau aus Jamaika, Nicaragua, Kenia, China, was ein Inländer nicht hat?« – »Was gefiel Ihnen so besonders am Fremden?« – »Hätten Sie einen Mann/eine Frau mit diesen faszinierenden Eigenschaften in Österreich oder Deutschland nicht finden können?«

In den Gesprächen wurden aber auch die Probleme des Zusammenlebens erörtert, soweit sich diese aus der unterschiedlichen kulturellen Prägung – Erziehung, Mentalität, Religion – ergeben. Ich habe dabei ganz klar eine positive Auswahl getroffen, habe für das Buch mit einer einzigen Ausnahme nur Paare ausgesucht, die es geschafft haben. Im Unterschied zur Amerikanerin Betty Mahmoody, die ihre atemberaubende Flucht aus dem für sie so erschreckend fremden Gottesstaat Khomeinis im Weltbestseller »Nicht ohne meine Tochter« beschrieben hat. Aber obwohl ihre eigene Ehe mit dem Partner aus einer fremden Kultur so dramatisch scheiterte, hat auch Betty Mahmoody im Interview mit mir immer wieder betont: *»Anstatt zu sagen, es geht nicht, sollten wir alles tun, um Mischehen doch möglich zu machen.«* Mit einer kleinen Einschränkung allerdings: Für junge Frauen, die sich mohammedanische Ehemänner aussuchen, hält die Amerikanerin eine besondere Botschaft bereit: *»Bevor westliche Mädchen gläubige Mohammedaner heiraten, sollten sie wissen, welche Stellung der Islam den Frauen einräumt und daß nach islamischem Recht nicht allein der Sohn die*

Entscheidungen trifft, sondern die ganze Familie. Diese Mädchen sollten sich vorher ausführlich informieren.«

Die Interviews in diesem Buch, die das Gelingen gemischtkultureller Beziehungen aufzeigen, sind voneinander vollkommen verschieden. Fernsehsprecherin Chris Lohner lieferte sich mit ihrem aus Jamaika stammenden Lebenspartner Lance Lumsden einen dialektischen Schlagabtausch spritziger Argumente. Das Gespräch zwischen dem Chinesen Lei Wen und seiner in Holland aufgewachsenen Wiener Freundin Tanja ist eine sehr ernsthafte Auseinandersetzung zweier junger Menschen zwischen Tradition und Zukunft. Dem begeisterten Monolog des Kärntner Kaufmannes Peter Hammerer, der die junge Somalin Fatma heiratete, steht die bestürzende Erzählung der traurigen Namibierin Jacqueline gegenüber, die von einem schönen weißen Mann nach Österreich gelockt und hier aufs hinterhältigste fallengelassen wurde.

Karlheinz Böhms Beitrag in diesem Buch ist eine einzige große Liebeserklärung an seine sanfte äthiopische Ehefrau Almaz. Diesem reifen Geständnis eines zum vierten Mal verheirateten Schauspielers über sechzig steht kontrastreich die Vision eines dreißigjährigen Mannes am Beginn seiner Karriere entgegen: John Bockelmann, der Sohn des Sängers Udo Jürgens, möchte das Wagnis, mit einer farbigen Frau zu leben – seine Freundin stammt aus der Dominikanischen Republik –, zum ersten Mal eingehen. Der eine weiß es, der andere hofft, daß es gutgehen möge.

Das fast klassisch zu nennende Paar, die afro-amerikanische Musicalsängerin Olive Moorefield und der Wiener Arzt Kurt Mach, haben dem Thema nach fünfundzwanzig Jahren Gemeinschaft eine Menge hinzuzufügen. Für sie ist die Ehe mit einem »Fremden« mehr als nur ein gelungenes Experiment. Ganz abgesehen von der verschiedenen Hautfarbe haben gerade das unterschiedliche Temperament, die unterschiedliche Herkunft und Prägung dazu beigetragen, die »Liebe zu retten«, ist ihre Überzeugung. Das gilt auch für das ägyptisch-österreichische Paar Mona und Wolfgang Hölbling, die dank ihrer verschiedenen kulturellen Prägung wahrscheinlich eine größere Lebenseinsicht gewonnen haben, als es ihnen ohne einander möglich gewesen wäre.

Während wir dem spannenden Schicksal des überaus sympathischen Ehepaares Juan und Heidi Flores entnehmen, welch unendliche Geduld und großer Zusammenhalt nötig sind, um dummen und rassistischen Widerständen zu trotzen, kommt das muntere Wiener Gesangs-Original Martha Butbul alias Jazz-Gitti aufgrund ihrer abenteuerlichen Biographie zu dem Schluß, daß es sowohl hüben wie drüben »solche und solche« gibt.

Ich wäre gerne Integrationsminister. Wie ein guter Koch seine Speisen abschmeckt, würde ich die fehlenden Ingredienzien in unserer europäischen Gesellschaft mit der Würze aus anderen Kontinenten ersetzen und so ein Ganzes voll Vielfalt erzielen.

Der Gefühlshaushalt Europas droht zu erkalten. An der importierten Wärme der »Ausländer« aus den (materiell) ärmeren Ländern könnten sich unsere Seelen wieder entzünden. Davon bin ich überzeugt. Lieben wir einander, lernen wir voneinander. Sonst wird der Europäer über kurz oder lang zum egoistischen Single.

An dieser Stelle möchte ich meinen Gesprächspartnern für ihre Bereitschaft danken, mitunter sehr private Themen mit mir zu diskutieren, und dem Verlag für die begeisterte Annahme und Umsetzung meiner Idee.

Senta Ziegler
Wien, im Jänner 1995

MOUSE

»Wenn zwei sich wirklich lieben, ist es egal, woher sie kommen.«

KARLHEINZ BÖHM UND DIE ÄTHIOPIERIN ALMAZ BÖHM

Den Schauspieler Karlheinz Böhm, 66, braucht man nicht vorzustellen. Man kann ruhig sagen, die ganze Welt hat ihn als jungen, feschen Kaiser Franz Joseph in drei »Sissy«-Filmen mit der ebenso jungen Romy Schneider erlebt. Keiner seiner über dreißig Filme nachher reichte – zum Leidwesen Böhms, dessen Image durch »Sissy« allzu stark festgelegt war – je wieder an diesen Sensationserfolg heran.

Doch die Schauspielerei erschien dem Sohn des Dirigenten Karl Böhm auf die Dauer ohnehin nicht sinnvoll genug. Der zu Schwermut neigende Österreicher hatte immer schon vorgehabt, der Welt mehr zu hinterlassen als die zweifelhaften Werke der Zelluloidindustrie. Seine Film-, Theater- und Regieerfolge haben ihn nie von der ihn permanent quälenden Einsicht in die Ungerechtigkeit der Welt ablenken können: im Norden der Reichtum Europas, im Süden das Elend Afrikas.

Am 16. Mai 1981 verpflichtete sich Karlheinz Böhm in der Thomas Gottschalk-Show »Wetten, daß...« zu einem großen humanen Hilfsprojekt. Er versprach, durch Spenden einen ansehnlichen Betrag für die Hungernden in der Sahelzone aufzubringen, was auch gelang. Auf Anhieb brachte ihm sein erster Aufruf 1,2 Millionen Mark ein.

Was als Spiel begann, wurde Ernst. Karlheinz Böhm gründete die Stiftung »Menschen für Menschen«, die in Europa Geld sammelt, um damit in Äthiopien den Aufbau von Krankenhäusern, Dörfern, Schulen, Brunnen und landwirtschaftlichen Projekten zu finanzieren.
1987 hatte der in Darmstadt geborene, in Deutschland, der Schweiz und Österreich aufgewachsene Karlheinz Böhm bereits drei Ehen hinter sich, aus denen insgesamt fünf Kinder stammen. Da lernte er bei einem seiner Projekte im Erertal in Äthiopien – bereits 59jährig – die um 36 Jahre jüngere Landwirtschaftsexpertin Almaz Teshome kennen. In ihrem Salzburger Haus erinnern sie sich, wie ihre Liebe begann. Karlheinz Böhm erinnert sich, sich lange Zeit gegen eine Intensivierung der ersten Gefühle gewehrt zu haben: »*Ich habe mich lange dem Gedanken an eine ernsthafte Bindung widersetzt. Wenn ich ehrlich bin, habe ich gedacht, daß ich aufgrund des Altersunterschiedes nicht noch einmal eine Ehe wagen kann. Ich war vorher so oft gescheitert, wollte mich nicht wieder binden. Ich war mir selbst gegenüber sehr skeptisch und eher zurückhaltend. Und damit zum ersten Mal ganz anders als zu Beginn der Beziehungen zu meinen früheren Frauen.*«
Früher hatte er nie so sehr an die Konsequenzen gedacht wie diesmal, hatte die Verantwortung nicht so gespürt, war seinen Emotionen gefolgt, seinen eigenen Bedürfnissen, getrieben vielleicht auch von dem Wunsch, seine Eltern zu kopieren, die eine sehr gute Ehe führten. »*Aber ich hab' nie daran gedacht, wie es dem anderen geht. Bei Almaz habe ich dies mehr getan als bei irgend jemandem zuvor. Die Tatsache, daß ich sie ungeachtet ihrer Jugend sehr respektierte, hat dabei eine große Rolle gespielt. Ich wollte sie auf keinen Fall in eine Situation treiben, für die sie am Schluß vielleicht bezahlt hätte.*«
Lange Zeit hatte die junge »Menschen für Menschen«-Mitarbeiterin Almaz Probleme damit gehabt, ihrer Familie die Liebe zu einem Weißen einzugestehen, noch dazu zum

Boß des Projektes. Was hat sie gehindert, ihrer Mutter von ihrer Liebe zu erzählen?
Almaz Böhm berichtet: »*Das hatte nichts mit Karlheinz' Hautfarbe zu tun. Vielmehr mit meinem ältesten Bruder, den ich sehr schätze und respektiere und der mir geholfen hatte, diesen Job bei dem Projekt zu bekommen. Da ich meinen Bruder wie einen Vater respektierte – mein Vater starb, als ich klein war – hatte ich Probleme, es ihm einzugestehen. Dazu kam, daß ich das jüngste Kind meiner Familie bin, ich stand ja auch noch in Ausbildung, niemand sah mich als erwachsen an. Nicht einmal meine ältere Schwester brachte ihre Boyfriends nach Hause und stellte sie meiner Mutter vor. Wie hätte also ich, die viel Jüngere, das tun können? Ich war noch Studentin, es war mir nicht erlaubt, einen Freund zu haben.*«
Karlheinz Böhm hatte das Problem bereits gelöst: »*Das war für mich überhaupt kein Konflikt, denn ich hatte darüber längst mit ihrem Bruder gesprochen. Die Familie hat mich so schnell akzeptiert, wie ich das überhaupt nicht erwartet hätte.*«
Almaz Böhm: »*Im heutigen Äthiopien bestimmt nicht mehr der Vater den Ehemann. Bei meiner Tante war das noch so. Aber es wurde keine glückliche Familie. Die Eheleute sind nach fünf Kindern auseinandergegangen. Das war ein abschreckendes Beispiel in meiner Familie. Aber der Mann muß immer noch sehr formell jemanden entsenden, der beim Familienoberhaupt um die Hand der Tochter anhält. Es kann vorkommen, daß die beiden schon ein Kind miteinander haben und noch immer nicht verheiratet sind. Bei mir war das aber anders. Ich hatte Angst davor, meiner Familie klarzumachen, daß ich nun alt genug war, meinen Ehemann selbst auszusuchen.*«
Karlheinz Böhm: »*Daß ich ein Weißer war, war für die Familie kein Grund zur Sorge. Im Gegenteil, es war für die Mutter insofern sogar eine Erleichterung, als sie nun sicher sein konnte, daß Almaz einen finanziell unabhängigen Men-*

schen gefunden hatte und es ihr gut gehen würde. Das ist ja in Europa genauso. Auch hier freut sich die Familie, wenn die Tochter einen Mann bekommt, der gut verdient, einen Job hat. Daß ich Europäer war, hat sie weder gestört noch besonders beeindruckt.«

Almaz Böhm: »*Meine Mutter hat uns mittlerweile schon oft in Österreich besucht, hat gesehen, was für eine schöne Beziehung wir miteinander und mit unseren Kindern haben. Sie freut sich, daß ich glücklich bin. Sie sieht, wie sehr Karlheinz mich liebt, wie sehr ich ihn liebe, und sagte mir einmal, daß es das sei, was sie für alle ihre Kinder erträumt habe.«*

Karlheinz Böhm: »*Es muß nämlich auch einmal gesagt werden: Äthiopische Frauen und Männer haben mit dem Phänomen Ehe genauso viele Probleme wie wir. Die Scheidungsraten sind dort genauso hoch wie bei uns. Die Hälfte der Geschwister von Almaz ist geschieden. Sie leben in zweiter oder dritter Ehe mit anderen Partnern zusammen. Wir Europäer glauben, die Afrikanerinnen sind wohlbehütet, leben in einer heilen Welt. Das stimmt nicht. Meine Frau ist wesentlich emanzipierter als viele Frauen, die ich in Europa kennengelernt habe. Sie ist tatsächlich in der Lage, etwas, das sie will, auch durchzuführen.«*

Die schöne, dunkelhäutige Landwirtschaftsexpertin wurde Böhms vierte Frau. Er wurde zum sechsten und siebenten Mal Vater. Sohn Nicolas kam 1990 zur Welt, Tochter Aida 1993. Im Sommer 1994 hat sich das Ehepaar Böhm in Grödig bei Salzburg niedergelassen, wo die Kinder später auch zur Schule gehen werden.

In ihrem schönen Haus mit Blick auf den Untersberg kam es mit den Eheleuten zu dem Gespräch über die Vorzüge und die Problematik einer Mischehe. Darüber, ob es Unterschiede zwischen einer Europäerin und einer Afrikanerin gibt. Was das Faszinierende und das Schwierige in einer Ehe ist, deren Partner aus verschiedenen Kulturkreisen stammen.

Karlheinz Böhm, zunächst interviewgeübter als seine

ruhige Frau, macht keinen Hehl daraus, daß er mit dieser Art der Fragestellung seine Probleme hat. Er bestreitet, daß die Unterschiede, die zwischen ihm und seiner Frau zweifellos bestehen, damit zu tun hätten, daß sie aus Afrika und er aus Europa stammt: »*Ob eine Frau oder ein Mann in einer Lebensgemeinschaft harmonieren oder nicht, hat nichts mit verschiedenen Hautfarben oder unterschiedlichen Sprachen zu tun, sondern nur mit dem jeweiligen Mann und der jeweiligen Frau. Almaz und ich sind ein sehr gutes Beispiel. Denn so einen extremen Altersunterschied wie bei uns, so eine extrem andere kulturelle Herkunft, sowohl sprachlich wie geographisch, finden Sie kaum bei einem anderen Paar. In dem Moment, wo zwei Menschen einander wirklich lieben und miteinander leben wollen, ist es aber egal, woher sie kommen. Freilich ergeben sich Anpassungsprobleme an die Umwelt, an den Alltag in einer anderen Kultur. Für mich ist es aber überhaupt kein Problem, mit einer Äthiopierin verheiratet zu sein. Da wir jetzt meist in Österreich leben, ist eher meine Frau mit den Problemen meiner Kultur konfrontiert als ich mit denen der ihren. Sie muß sich adaptieren.*«
Almaz Böhm stimmt dem zu: »*Doch, es besteht ein Unterschied. In Österreich ist vieles für mich neu, ich muß jeden Tag etwas lernen. In Äthiopien ist zum Beispiel die gesamte familiäre und freundschaftliche Situation einfacher. Verwandte und Nachbarn kommen in Äthiopien spontaner zu Besuch, sie rufen nicht vorher an, denken auch gar nicht darüber nach, ob man nun Zeit für sie hat oder nicht. Man kann das Haus viel offener führen. Hier würde ohne vorherige Anmeldung niemand kommen, das hat Vor- und Nachteile. Ein bißchen haben wir uns die äthiopische Familie aber mitgebracht. Eine meiner Schwestern lebt jetzt immer bei uns. Sie kann bei den Kindern bleiben, wenn ich mit Karlheinz unterwegs bin. Das ist sehr schön.*«
Eine Frage an den Mann: Ist die Afrikanerin weiblicher, geduldiger, sanfter als die durchschnittliche Europäerin?

Karlheinz Böhm will zunächst mit der Beantwortung beim Grundsätzlichen bleiben: »*Es gibt nicht* die *Afrikanerin und nicht* die *Europäerin. Es gibt in Äthiopien circa zwanzig Millionen Frauen und in Österreich ungefähr dreieinhalb Millionen. Eine jede ist in ihrer Mentalität verschieden. Da ich in meinem Leben so vielen Frauen begegnet bin, kann ich das wirklich behaupten. Wenn ich sage, ich kenne zehntausend Frauen, dann sind es zehntausend verschiedene Menschen! Genauso ist es mit den äthiopischen Frauen. Ich habe dort durch meine Arbeit unendlich viele verschiedene Mentalitäten kennengelernt. Ich würde auch meine Frau nicht als* die *Äthiopierin bezeichnen. Sie ist ein Individuum. Ich bin ein Feind von Generalisierungen. Almaz ist unter den verschiedenen Äthiopierinnen eine einzigartige Persönlichkeit mit eigenwilligem Charakter.*«
Eine Frage an die Frau: Gibt es einen Unterschied zwischen dem in Afrika und dem in Europa aufgewachsenen Mann?
Almaz Böhm: »*Ich war vorher weder mit einem afrikanischen noch mit einem europäischen Mann verheiratet, so daß ich nicht vergleichen kann. Karlheinz ist mein erster Ehemann und wird auch mein einziger bleiben. Das familiäre Leben in diesen beiden Kulturen ist wie gesagt verschieden, aber nicht die Liebe zwischen Mann und Frau. Die Liebe ist universal.*«
Karlheinz Böhm bleibt dabei: »*Wenn man von* dem *Afrikaner spricht, ist das schon falsch. Sie würden ja auch nie einen Italiener mit einem Norweger vergleichen. Oder einen Finnen mit einem Spanier, und das sind doch auch alles Europäer. Genauso ist es in Afrika. Sie können einen Ruandesen nicht mit einem Äthiopier vergleichen und einen Äthiopier nicht mit einem Ghanesen, Ghanesen wiederum nicht mit Südafrikanern. Das sind vollkommen verschiedene Welten! Genausowenig kann man von den Österreichern sprechen. Wir haben vielleicht gewisse Eigenarten, die man uns generell nachsagen könnte; die Hinterfotzigkeit; und daß*

wir nicht so ehrlich sind, nicht so geradeheraus; daß wir eine Freundlichkeit haben, die nicht das ausdrückt, was wir empfinden. Da könnte ich schon einiges aufzählen. Erstaunlicherweise sind wir aber draufgekommen, daß die Äthiopier mit den Österreichern unheimlich viel gemeinsam haben. Wir sind in unserer Mentalität gar nicht so weit voneinander entfernt, wie das vielleicht die Hautfarbe oder die andere Sprache erscheinen lassen würden.«
Frage an Almaz Böhm: Ist es wirklich so einfach? Könnte Karlheinz Böhm, so wie er ist, ein Äthiopier sein?
Almaz Böhm: »*Ich denke, daß er zum Beispiel in seinem Umgang mit der Zeit durch und durch Europäer ist. Ein Äthiopier würde nicht wissen, was er heute in einem Monat zu tun hat. Karlheinz plant aber schon heute, was er im nächsten Monat machen wird. Er plant jede Stunde seiner Woche, jede Woche seines Monats im voraus. Ich sehe seine disziplinierte Arbeit als etwas sehr Positives. Ich lerne jeden Tag von seiner Disziplin und davon, wie er sich seine Zeit einteilt. Er kommt dadurch nicht unnötig in Streß. Karlheinz trifft sehr viele Menschen in vielen Ländern und muß dies sehr konzentriert tun, um seine Ziele möglichst ökonomisch zu erreichen.*«
Da ist Karlheinz anderer Meinung: »*Ich halte das nicht für typisch europäisch oder gar österreichisch. Wie viele Österreicher gibt es, die völlig unorganisiert leben? Die keine Ahnung davon haben, wie sie sich den Tag einteilen sollen? Ich hab' diese Disziplin zufällig als bestes Erbe von meinem Vater. Er hat mich so erzogen, daß ich mir meine Zeit einteile, damit ich gar nicht erst in Streß komme.*«
Ist aber nicht doch etwas Wahres an der Behauptung, daß ein völlig anderes Klima andere Eigenschaften prägt?
Karlheinz Böhm will die Dinge differenzierter sehen. Er meint, daß die 72 Volksstämme, die es in Äthiopien gibt, sich voneinander so unterscheiden wie etwa Sizilianer von Norwegern. Äthiopien zerfällt in die unterschiedlichsten Regionen. Die Hauptstadt Addis Abeba liegt 2.400 Meter

hoch, das Thermometer klettert selbst in der heißesten Zeit nie über 27 oder 28 Grad. In Addis Abeba ist es wesentlich weniger warm als in so manchem Salzburger Sommer. Dort ist das Bedürfnis, über Mittag zu schlafen, überhaupt nicht vorhanden. Die Menschen haben eine Stunde Mittagspause wie in Mitteleuropa und arbeiten danach wieder weiter. Im Südosten des Landes liegen hingegen die heißen Gebiete, wo die Menschen in der Mittagszeit zwei, drei Stunden vor Hitze nicht arbeiten können.

Karlheinz Böhm zum Vorurteil vieler Europäer, Afrikaner seien generell faul: »*Bei den Afrikanern gibt es genauso viele Faule und Fleißige, Saubere und Schmutzige, Gescheite und Dumme wie bei uns. Daß manche von ihnen, bedingt durch das wirtschaftliche System und durch das Klima, nicht so arbeiten wie ein Europäer, ist etwas anderes. Ich habe aber erlebt, wie die Menschen in einer wüstenähnlichen Gegend im Erertal bei 30, 35, 40 Grad unter glühender Sonne auf einem Feld arbeiten und körperliche Leistungen vollbringen, mit denen österreichische Bauern niemals mithalten könnten. Daß die Menschen dann vielleicht zwei, drei Stunden am Tag nicht arbeiten und etwas langsamere und weniger hektische Bewegungen ausführen als wir, ist klimatisch bedingt.*«

Letzter Einwand, um kulturelle Unterschiede zwischen Menschen verschiedener Herkunft doch noch zu rechtfertigen: Sagt man denn nicht auch, daß die Deutschen im allgemeinen tüchtiger und fleißiger als die Österreicher sind? Ohne damit bereits in rassistische Vorurteile zu verfallen?

Karlheinz Böhm: »*Würden Sie sich wirklich trauen, von den Österreichern zu sprechen? Ich war lange genug in Deutschland, in der Schweiz, in Österreich. Ja, vielleicht bestehen gewisse Mentalitätsunterschiede. Vielleicht sind die Österreicher ein bissel weniger diszipliniert, ein bissel schlampiger als die anderen, weil wir dem Balkan schon etwas näher sind. Aber das trifft doch nicht auf alle Österreicher zu! Ich kenne sehr disziplinierte, penible Österreicher, die eher mit den Deutschen vergleichbar sind.«*

Karlheinz Böhm bleibt strikt dabei, daß die unterschiedliche kulturelle Prägung für eine glückliche Ehe ohne Bedeutung ist: »*Entscheidend ist, daß sich zwei Menschen lieben und daß aufgrund dieser Liebe bei beiden genügend Toleranz besteht, die Eigenschaften, die man vielleicht beim anderen nicht so mag, trotzdem zu akzeptieren. Wenn ich mich kritisch betrachte, fallen mir ein paar unangenehme Charaktereigenschaften auf – von der Ungeduld angefangen –, die für meine Frau große Probleme darstellen müßten, weil sie in ihrer Art sehr ruhig ist. Andererseits scheint sie durch die Gefühle, die uns miteinander verbinden, die Toleranz zu haben, mit diesen Eigenschaften leben zu können. Genauso ist es umgekehrt. Meine Frau hat auch eine Eigenschaft, über die ich immer wieder mit ihr spreche, nämlich daß sie sich selbst so wenig akzeptiert und daß sie ihre Fähigkeiten und Qualitäten viel zu wenig schätzt. Das ist in meinen Augen ihre herausragendste negative Eigenschaft. Doch damit kann ich sehr gut umgehen. Aber ansonsten würde ich sagen, weder der Altersunterschied noch die ganz andere Kultur, aus der sie kommt, hat in unserer Ehe je eine Rolle gespielt.«*

Und doch ortete auch er, der die Verschiedenartigkeit prinzipiell leugnet, einen kleinen, faszinierenden Unterschied. Karlheinz Böhm: »*Meine Frau ist zum Beispiel nicht wie ich im Theater oder im Konzerthaus aufgewachsen. Und trotzdem, oder gerade deshalb, ist es für mich immer ein Erlebnis, mit ihr in ein Konzert oder ein Theater zu gehen, weil sie viel lebendiger, viel ursprünglicher darauf reagiert als ein von Kultur bereits verdorbener Europäer. Weil sie das alles völlig unvoreingenommen sieht. Werke, die sie nicht kennt, nimmt sie viel ursprünglicher, ehrlicher, wahrhaftiger wahr. Diese ihre spontane Emotionalität im Theater oder im Konzertsaal erlebe ich als etwas sehr Positives. Da lerne ich dazu. Ich merke, wie abgestumpft man ge-*

genüber dem ist, was man selbst in seinem Leben produziert, gehört oder gesehen hat. Unsere ersten Besuche von Konzerten und Opern werde ich nie vergessen. Ich wünsche mir, ich könnte so empfinden. Mit dieser Gott sei Dank so völlig naiven Offenheit und Ehrlichkeit gegenüber den eigenen Gefühlen. Ich kann nicht mehr so empfinden, weil ich seit meinem vierten Lebensjahr mit dieser Musik, diesen Theaterstücken aufgewachsen bin. Wenn ich in ein Konzert gehe, höre ich halt wieder einmal ganz normale Klassik, die ich dann mit der meines Vaters vergleiche. Aber das wirkliche Berührtsein, die Verwundbarkeit, die Offenheit, die kann ich nicht mehr aufbringen.«

Das wäre doch ein gravierender Unterschied zwischen Europa und Afrika. Kann sich ein Europäer heute überhaupt noch diese Spontaneität bis ins Erwachsenenalter bewahren? Jeder weiß doch, was die entsetzlichen Bilder der Gewalt, die Tag für Tag in über dreißig TV-Kanälen geboten werden, für die Kinder bedeuten. Abstumpfung findet in beide Richtungen statt: gegenüber Gewalt, aber auch gegenüber dem Schönen. Karlheiz Böhm stimmt dem Dilemma zu: »*Wie soll denn so ein Kind im ›Fidelio‹ plötzlich ein ganz neues Erlebnis haben, wenn es schon mit Musik überfüttert ist? Ich bin überzeugt, daß diese Empfänglichkeit meiner Frau für Neues und Schönes ein Mensch der westlichen Welt überhaupt nicht mehr aufbringen kann. Dazu sind wir schon zu verdorben und abgestumpft.*«

Karlheinz und Almaz Böhm sind bestrebt, ihren Kindern Nicolas, 4, und Aida, 2, aus beiden Welten nur das Positive auf den Weg mitzugeben: den Gefühlsreichtum Afrikas sowie die kulturelle Bildung und das technologische Know-how Europas. Sie haben viel darüber nachgedacht, wie dieses schwierige Unterfangen am besten zu bewerkstelligen ist: Die Kinder werden in Österreich in die Schule gehen. Bis dahin werden sie aber alle zusammen noch möglichst viel Zeit in Äthiopien verbringen, um die Kinder emotional an die Familie dort zu binden.

Karlheinz Böhm: »*Auch ich bin Teil einer äthiopischen Großfamilie geworden, in der ich mich sehr geborgen fühle.*«
Das Wunschziel des Vaters: daß sich die Kinder möglichst viel von ihrer kindlichen Ursprünglichkeit bewahren: »*Wenn Nicolas und Aida hier in Österreich aufwachsen, werden wir alles dazu tun, um ihre Gefühlswelt so unberührt zu lassen, wie dies überhaupt möglich ist, damit sie diese kreative Bereicherung durch all das, was von außen auf sie einströmt, möglichst lange erfahren. Wie weit wir dazu in der Lage sind, kann ich nicht sagen. Wir werden eben den Fernseher nicht zwölf Stunden am Tag laufen lassen – aber sie kommen in andere Häuser und später mit Schulkindern zusammen, die das anders halten als wir. Ich kenne jedoch auch in Österreich sehr viele Familien, in denen die Kinder emotional nicht verkümmern, Eltern, die sich mit der Gefühlswelt ihrer Kinder auseinandersetzen und sie wesentlich mitbeeinflussen.*«
Wunschziel der Mutter: Bei Bewahrung der emotionalen Werte den Kindern möglichst viel Wissen und Können der westlichen Welt mitzugeben. Frau Böhm zur Frage, warum sie ihre Kinder in Österreich groß werden sehen will: »*Es stimmt schon, daß in Äthiopien die Kinder in der Großfamilie behüteter aufwachsen und weit weniger sich selbst überlassen sind als oftmals in Europa. Aber die familiäre Situation in Österreich ist auch nicht von vornherein schlecht. Es kommt darauf an, wie man das handhabt. Wir haben lange und intensiv darüber diskutiert. Wir wollen, daß die Kinder eine enge Bindung zu ihren Großeltern, Onkeln und Tanten in Äthiopien haben. Sie sollen wissen, daß das dort auch ihre Familie ist, deren Teil sie sind. Aber sie sollen auch Teil Europas sein. Es liegt schließlich im Interesse der Kinder, daß wir ihnen eine Allgemeinbildung ermöglichen, mit der ihnen die Welt offensteht. Denn in Äthiopien sind die Möglichkeiten zu lernen sehr begrenzt. Es gibt eine deutsche Schule in Addis Abeba. Und auch dort gibt es keine zusätzlichen Angebote einer kreativen, musischen oder auch*

sportlichen Ausbildung. In Österreich kann man das in seiner Freizeit machen: ein Instrument lernen, Gymnastik und Sport betreiben. Ich glaube auch, daß sie an technologischem Know-how hier sehr viel mehr mitbekommen, so daß sie in der Lage sein werden, mit den Studenten und Jugendlichen von hier mitzuhalten. Wir wollen nicht, daß sie diese Chance verpassen, solange sie jung sind, denn darauf können sie später einmal aufbauen.«

Auch im Erziehungsstil harmonieren die Böhms auf natürliche Weise. Da er den demokratischen, antiautoritären Stil, der sich in Europa (mit teilweise verheerenden Folgen) eine Zeitlang breitgemacht hat, ohnehin ablehnt, ist er froh, in seiner Frau eine Partnerin gefunden zu haben, die den guten alten autoritären Stil kennengelernt hat. Da Almaz aber gleichzeitig findet, daß den äthiopischen Kindern teilweise zu strenge, sinnlose Verbote auferlegt werden, ist sie glücklich, sich der weit liberaleren Pädagogik Europas öffnen zu können. Im Hause Böhm wird es also kaum Reibereien darüber geben, wie die beiden geliebten Kinder am besten zu erziehen sind.

Stellt Karlheinz Böhm nach drei vorangegangenen Ehen Vergleiche an? Ist Almaz, die sanfte Frau aus Äthiopien, die Ergänzung, die er im Grunde immer gesucht hat? Wieso sind die anderen drei Partnerschaften gescheitert?

Karlheinz Böhm hat noch selten darüber gesprochen: »*Jede der Frauen, mit denen ich zusammengelebt habe, wäre bestimmt auf ihre Weise auch eine liebreizende wunderbare Frau gewesen – mit dem richtigen Partner. Nur waren sie für mich ebensowenig die ideale Ehefrau, wie ich für sie der ideale Ehemann war. Es ging nicht gut, weil wir eben nicht zusammengepaßt haben. Das Seltsame an meiner Beziehung zu Almaz ist, daß wir – obwohl wir uns auf so eigenartige Weise in diesem fernen Erertal kennengelernt haben und der Altersunterschied so groß ist – ideal zusammenpassen und uns deshalb absolut bruchlos verstehen. Jedes Problem bereden wir offen miteinander. Wir streiten nie, beide mögen wir das nicht, auch da kommen wir uns sehr nahe. Ich weiß aber nicht, ob das damit zu tun hat, daß sie Äthiopierin ist und ich Österreicher bin.«*

Hat sich Karlheinz Böhm seit seiner ersten Ehe verändert?

Karlheinz Böhm: »*Daß ich nicht mehr derselbe Mensch wie damals bin, das ist klar. Ich wäre in dem damaligen Stadium meiner Entwicklung niemals reif gewesen, eine Beziehung wie meine heutige aufzubauen. Man kann natürlich nicht vergleichen, was wäre gewesen wenn...*«

Hätte er Almaz' Gefühlsreichtum im Alter von zwanzig oder dreißig Jahren überhaupt erkannt? Und wenn ja, hätte er ihn geschätzt?

Karlheinz Böhm: »*Möglicherweise hätte ich mit zwanzig den Gefühlsreichtum einer Frau wie Almaz nicht erkannt. Vielleicht habe ich damals was anderes gesucht und dabei Wichtigeres übersehen. Man muß aber bedenken, daß man zu jeder Zeit das tut, was der jeweiligen Entwicklungsphase entspricht. Was wäre gewesen wenn, ist keine erlaubte Frage.*«

Karlheinz Böhm über partnerschaftliche und patriarchalische Ehen: »*Ich halte die Formen der sogenannten Gleichberechtigung, die man heute in der Ehe einführen will, für eine der Hauptursachen für die enorm gestiegenen Scheidungsraten. Das Zusammenleben zweier so verschiedener Wesen, wie es Mann und Frau nun einmal sind, bedarf gewisser Grundregeln. Das hat in alten Zeiten sehr gut funktioniert und kommt heute in dieser scheinbaren Gleichberechtigung, die in Wirklichkeit gar keine ist, mehr und mehr zu Fall. Ich finde, daß die Frau im politischen Bereich gleiche Rechte zu haben hat, das ist ganz selbstverständlich. Und wo dies auf der Welt nicht der Fall ist, prangere ich das auch immer wieder an. Aber wenn wir jetzt über das Phänomen Ehe sprechen, über dieses ungeheuer schwierige Kapitel, darüber, daß zwei psychisch und physisch so ungeheuer verschiedene Wesen miteinander leben – da finde ich, daß*

das, was heutzutage in den Experimenten zu einer sogenannten Gleichberechtigung passiert, machmal direkt lächerlich ist: Die Frau erkämpft sich mit juristischen Mitteln mehr und mehr Rechte, etwa mehr Beteiligung des Mannes im Haushalt, aber daß sie das von einer glücklichen Ehe immer weiter entfernt, das ist die andere Seite.«
Almaz Böhm: »*Das ist auch meine Meinung.*«
Das Projekt »Menschen für Menschen« stellt das gemeinsame Interessensgebiet des Ehepaars Böhm dar, das die beiden über die Liebe und Familie hinaus miteinander verbindet.
Er umreißt die Kompetenzen: »*Ich diskutiere alles, was ich für MfM tue, mit Almaz. Aber sie arbeitet im Augenblick nicht direkt mit. Ich kann mir aber ohne weiteres vorstellen, daß sie dazu genügend Kreativität hätte und daß sie ein wichtiger Beitrag für das Projekt wäre, wenn sie nicht durch die Kinder, das Haus und alles, was in ihren Verantwortungsbereich fällt, ohnehin sehr ausgefüllt wäre.*«
Almaz Böhm: »*Mein Herz ist immer bei der Arbeit meines Mannes. Zumal ich weiß, daß er für mein Land, für meine Landsleute arbeitet. Ich arbeite quasi geistig als sein persönlicher ›Berater‹ immer mit.*«
Zu den Vorteilen, die die junge Almaz in der Ehe mit einem Europäer sieht, bekennt sie voll Würde: »*Wenn man mich fragt, ob ich für mein Leben davon profitiert habe, daß er Europäer ist, so glaube ich dies nicht. Ich habe nur einen einzigen großen Vorteil dadurch, daß er älter ist als ich. Ich habe so viel von ihm gelernt, was ich nie von einem anderen hätte lernen können. Ich habe Landwirtschaft studiert, aber was ich über Landwirtschaft, Naturschutz, Regen, Wasser, Klima, Umweltschutz von ihm gelernt habe, das hätte ich an keiner Universität lernen können. Selbst, was Äthiopien anbelangt, muß ich ihn fragen, er ist mein bester Lehrer. Auf diese Weise bin ich privilegiert gegenüber anderen Frauen. Es ist mir egal, ob mein Mann Weißer oder sonst was ist, aber er hat Lebenserfahrung. Und das ist wunderschön.*«

Es scheint also, als wären afrikanische Frauen doch milder, geduldiger, warmherziger als europäische. Zumindest Almaz, in deren dunklem Gesicht Augen und Mund stets in einem klugen Lächeln aufblitzen, macht diesen Eindruck. Aber sie setzt sofort zu heftigem Protest an: »*Ich bin nicht immer geduldig und friedlich, wie man uns Afrikanerinnen gerne nachsagt. Im Gegenteil, ich kann auch sehr aufbrausend und nervös sein. Ich springe manchmal vor Wut an die Zimmerdecke. Beide haben wir positive und negative Eigenschaften, die wir aber gemeinsam ausbalancieren können. Dinge, die mich unglücklich machen, sind für ihn keine Tragödie. Bin ich einmal verärgert über etwas, gießt er nicht noch Öl ins Feuer, sondern bringt mich auf den Boden der Realität zurück, macht mir klar, daß die Sache nicht der Rede wert ist. Umgekehrt, wenn er nicht weiter weiß, dann glaube ich die richtigen Worte zu finden, die ihm helfen. Wenn er nervös ist, weil er viel zu tun hat, versuche ich ruhig zu sein und auch ihn zu beruhigen. Ich kann sehen, daß er mich braucht, und ich weiß, daß ich ihn brauche. Es hängt nicht von der Hautfarbe und auch nicht von der unterschiedlichen Erziehung ab, sondern davon, wie man einander versteht.*«
Und: »*Was uns am meisten hilft, ist unsere Ehrlichkeit im Umgang miteinander. Er verbirgt nichts vor mir, ich verberge nichts vor ihm. Es gibt nichts, was wir einander nicht erzählen. Wir besprechen alles. Tritt ein Problem auf, setzen wir uns hin und lösen es gemeinsam. Auch will ich von ihm sofort wissen, wenn ich etwas getan habe, was ihn verletzt haben könnte. Ich will, daß er es mir gleich sagt, denn ich will aus Fehlern lernen. Darüber müssen wir reden, damit etwaige Probleme nicht anwachsen, bis sie eines Tages wie eine riesige Wolke des Mißverständnisses über uns schweben.*«
Karlheinz Böhm: »*Vielleicht können wir zur grundsätzlichen Frage in diesem Buch, was zwei Menschen aus verschiedenen Kulturen voneinander lernen können, gar nichts*

beitragen. Denn wir sind jeden Tag aufs neue überrascht herauszufinden, wie ähnlich wir einander sind. Wie ähnlich und nicht wie verschieden! Unsere Beziehung hat mit der scheinbaren Unterschiedlichkeit unserer beiden Kulturen, mit Erziehung, mit Alter nichts zu tun. Wir entdecken jeden Tag, wie nahe wir einander sind; welch großes Verständnis wir für die Schwächen und Stärken des anderen haben; wie sehr wir einander begreifen. Das ist die Basis unserer Beziehung und nicht, daß sie eine schwarze, eine fremde, eine, was weiß ich, exotische Äthiopierin ist. Wir wollen nur verständlich machen, daß die Tatsache, daß wir aus verschiedenen Kulturkreisen kommen, nicht der Grund für unser glückliches Zusammenleben ist.«

Hinter den großen Fenstern mit Blick auf den Untersberg ist längst der Abend hereingebrochen. Das nachmittägliche Gespräch neigt sich dem Ende zu. Karlheinz Böhm beendet es mit einer Liebeserklärung an seine Frau: »*Ich kann mir nicht vorstellen, daß wir uns je in irgendeiner Form voneinander trennen. Wenn Almaz meine erste Frau gewesen wäre, hätte ich immer nur sie geliebt.*« □

»So zärtlich war kein anderer.«

HEIDRUN FLORES-GENGER UND DER NICARAGUANER JUAN ALBERTO FLORES

»Bevor ich nach Europa kam«, erinnert sich der aus Nicaragua stammende Internist Dr. Juan Flores, *»hatte ich ganz bestimmte, traumhafte Vorstellungen davon. In unserem armen Land wußten wir alle von dem großen technischen und sozialen Fortschritt, der das Leben in Europa erleichtert, von dem enormen Wohlstand, den wir bewunderten und um den wir die Europäer beneideten. Gleichzeitig waren wir sicher, daß sich in dieser materiell weiterentwickelten Welt der Mensch auch geistig weiterentwickelt haben würde. Im selben Maße, wie sich die Lebensbedingungen verbessert hatten, dachten wir, würde auch der Mensch besser geworden sein. Und dann, als ich hierher kam, welche Enttäuschung! So viele einsame Menschen wie hier gibt es nirgends auf der ganzen Welt. In meine Ordination kommen immer wieder Menschen, die monatelang mit niemandem gesprochen haben. Das finde ich sehr, sehr traurig. Es ist undenkbar, daß in einer nicaraguanischen Familie eine Oma allein zu Hause gelassen wird. Undenkbar. Nicht nur die ganze Familie, auch sämtliche Nachbarn, ja das ganze Dorf würde das als großen Mißstand und einzige Schande empfinden. Seit ich hier bin, weiß ich: Der Fortschritt in Europa ist nur materiell. Der Mensch hat sich zurückentwickelt.«*

Die Impressionen eines nach Österreich eingewanderten Nicaraguaners sprechen für sich. Zum Beispiel die über Nachbarschaft in Europa: »*Das erste, was man zu tun hat, wenn man in ein neues Haus einzieht, so hat meine Mutter mich das jedenfalls gelehrt, ist, zu den Nachbarn zu gehen und sich vorzustellen. Sie sagte immer: Man weiß nie, wann man einen Nachbarn braucht oder ob er dich einmal brauchen wird. Hier in Europa spielt das Verhältnis zu den Nachbarn keine Rolle. Man hat eine Lebensversicherung, eine Unfallversicherung, man ist gegen Regen und Feuer und was weiß ich versichert. Da braucht man niemanden.*«
Auch über die Kommunikation der Europäer ist der Mittelamerikaner mehr als verblüfft: »*Wenn ich in ein Haus gehe oder einen Lift betrete, sage ich guten Morgen. Ich lasse mir das nicht nehmen. Aber niemand sagt auch nur muh. Dann denke ich mir, mein Gott, die primitivste Form der Kommunikation funktioniert hier nicht. Den Gruß nicht zu erwidern, würgt jede Art von Kommunikation ab.*
Einmal ging ich in ein Geschäft vis-à-vis Milch kaufen. Eine junge Frau stand als Kundin in dem Geschäft, ich sagte guten Morgen. Sie hat nicht geantwortet. Sie verließ das Geschäft. Als ich später in unsere Wohnung zurückkam, saß genau diese junge Frau in unserer Küche. Wir hatten per Inserat ein Kindermädchen gesucht, sie war eine von den Bewerberinnen. Meine Frau sprach gerade mit ihr, als ich hereinkam. Ich sagte noch einmal guten Morgen, da lächelte sie plötzlich, erwiderte den Gruß und fragte etwas beschämt: ›Ach, Sie sind der Herr des Hauses? Ich hab' mir ohnehin vorhin schon gedacht, was für ein netter Mensch Sie sind.‹ Ist das nicht eigenartig, daß sie sich das nur denkt? Ihre Grußlosigkeit im Geschäft hat eher den Eindruck erweckt, als hätte sie sich dabei überhaupt nichts gedacht.«
Auch den ersten Schultag seiner Tochter wird Juan Flores nicht so bald vergessen: *Ich war entsetzt: Das erste Wort, das sie zu schreiben gelernt hat, war ICH. Das finde ich fürchterlich. Das ICH wird hervorgehoben, nicht das WIR.*

Das erste, was ich in Nicaragua in der Schule gelernt habe, war: MEINE MUTTER LIEBT MICH. Das war das erste, und ich glaube heute noch, das ist der Anfang aller Gefühle und Emotionen.«

Den größten Schrecken hat dem warmherzigen Arzt aber seine kleine unschuldige Tochter eingejagt, als sie noch sehr klein war, vielleicht drei Jahre alt. Familie Flores-Genger verbrachte den Urlaub in Spanien. Plötzlich zeigte die Kleine auf einen Schwarzen und rief: »*Schau, Papi, der Teufel!*« Juan erschrak zutiefst. Welch atavistische Vorstellungen brachen da aus seiner Tochter heraus. Unverzüglich begann er mit Aufklärung: »*Wenn jemand eine schwarze Hautfarbe hat, dann bedeutet das nicht, daß er auch innen, in seiner Seele, schwarz ist. Er kann ein genauso guter Mensch sein wie jemand mit weißer Hautfarbe...*«

Seine Tochter hatte ihn – ohne es zu wissen – mitten ins Herz getroffen. Wird denn die Hautfarbe eines Menschen nie aufhören, ein Problem, ein Charakteristikum zu sein, das Rückschlüsse nahelegt? Vor allem: Hat denn das kleine Mädchen übersehen, daß die Hautfarbe seines Vaters wesentlich dunkler ist als jene seiner Mutter?

Alles begann im Jahr 1980. In Nicaragua, der Heimat Juans, hatte gerade die sozialistische Revolution der Sandinisten gegen das feudale Regime Somozas gesiegt. Überall im Land herrschte Aufbruchstimmung. Endlich würde es nach Jahrhunderten der Unterdrückung und Diktatur demokratische und gerechtere soziale Verhältnisse geben. Zahlreiche europäische Regierungen unterstützten die Wende im Land. So auch Österreich. Die Alpenrepublik erklärte sich bereit, drei Jahre lang Ärzte und Geld für ein Krankenhaus in Nicaragua zur Verfügung zu stellen. Europäer, die beim Aufbau mithelfen wollten, strömten ins Land. Und so meldete sich auch die österreichische Ärztin Heidrun Genger, die gerade in einem Krankenhaus der Stadt Wien das erste Jahr ihrer Turnus-Ausbildung absolvierte, für den Einsatz in einem Krankenhaus Nicaraguas. Die große, dennoch zart wirkende, blonde Jungärztin aus Admont in der Steiermark war damals gerade erst 25 Jahre alt.

Das Spital, in das Heidi Genger geschickt wurde, lag in dem Ort La Esperanza (»Die Hoffnung«) in Zelaya, der östlichsten Provinz Nicaraguas, dreihundert Kilometer von Managua entfernt, hatte zwanzig Betten, aber keinen richtigen Operationssaal. Heidi erinnert sich: »*Wir hatten viele dehydrierte Kinder und zahlreiche Bürgerkriegsverletzte zu betreuen. Unsere Tätigkeit war aber mehr die eines praktischen Arztes, denn Operationen, welcher Art auch immer, konnten wir nicht durchführen.*« Sie hatte ja auch ihre Ausbildung noch nicht abgeschlossen, und ganz wohl fühlte sie sich sowieso nicht bei der Sache, wenn ihr gelegentlich mehr abverlangt wurde, als sie laut Ausbildungsstand eigentlich wußte. Häufigste Diagnosen: Gastritis, Wurmerkrankungen, Malaria. Dazu Entbindungen und alle Behandlungen, die ein praktischer Arzt durchführen kann. »*Es war kein Chef da, der einem sagte, wie was zu tun sei. Wir waren alle gleichberechtigt, und jeder sah in seinem Buch nach und ging dann bei der Behandlung auf eigene Faust vor.*«

Nicht nur österreichische Ärzte arbeiteten in diesem Krankenhaus. Die nicaraguanischen Ärzte versahen dort ihren verpflichtenden medizinischen Sozialdienst. Darunter auch der attraktive, junge, großgewachsene Juan, der gleichfalls sein Medizinstudium abgeschlossen hatte und sich nach dem Pflichteinsatz in La Esperanza weiter zum Internisten ausbilden lassen wollte.

Der emanzipierten, selbständigen, mutigen Österreicherin, der der geliebte Vater – praktischer Arzt in Admont – den Leitsatz: ›Du brauchst keinen Mann, mach Karriere!‹ mit auf den Weg gegeben hatte, widerfuhr, womit sie nicht gerechnet hatte: Sie verliebte sich in den dunkelhäutigen

Juan. Als gelernte Mitteleuropäerin war sie jedoch skeptisch und hörte nicht auf, alles zu hinterfragen: »*Ist das deshalb so schön, weil dies hier eine Ausnahmesituation ist? Weil ich so weit weg von zu Hause und so allein bin? Weil es heiß ist? Weil die Liebe in dieser schwülen Wärme, an diesem traumhaften Platz in der Nähe des Meeres einfach dazugehört? Als vorübergehendes Abenteuer?*« Für die durch Erziehung und Studium kritisch gewordene Österreicherin war es nicht leicht, sich einfach ihren Gefühlen hinzugeben. In ihrem Inneren wehrte sie sich: »*Ist das nicht allzu animalisch?*«

Bis die Liebe siegte. Amor bezwingt alles, auch den kühlen Kopf einer Rationalistin. Im September 1980 waren die sechs Monate, für die Heidi dienstfrei gestellt worden war, um. Sie mußte zurück nach Österreich. Im Februar 1981 war sie wieder in Nicaragua. Im Juli darauf kam Juan für einen Monat nach Österreich. Weihnachten 81 flog Heidi wieder zu ihm. Und für die Zeit nach dem Juni 1982, wenn Juan mit seinem staatlichen Medizin- und Sozialdienst fertig wäre, hatten sie geplant, daß er wieder nach Österreich käme und hier abwarten würde, bis Heidi ihren Dreijahresturnus abgeschlossen hatte. Dann wollten sie beide als Ärzte nach Amerika gehen. So der Plan. Was aber folgte, war für beide, besonders für Juan, ein Martyrium. Hätten sie gewußt, welcher Leidensweg Juan in Österreich bevorstand, hätten sie vielleicht anders entschieden. Doch damals ahnten sie nichts von ihren Schwierigkeiten. Eindeutig fest stand für den Anfang nur ihr Wunsch, zusammenbleiben zu wollen.

Heidi wußte nicht, wie ihr geschah: »*Es war noch kein Mann vorher so lieb zu mir gewesen, so zärtlich und warmherzig wie Juan. Ich hab' dieses Gefühl bei keinem österreichischen Mann je gehabt. Die Männer, die ich vorher kennengelernt hatte, waren zwar immer interessiert und fasziniert von dem, was ich gemacht habe. Aber sie hatten immer auch etwas auszusetzen an mir. Immer wollten sie mich verändern, so daß ich mir schon gesagt habe, ich bleibe lieber allein. Mit fünfundzwanzig dachte ich mir, dieses Kapitel ist beendet. Ich suchte keinen Mann mehr. So kam ich nach Nicaragua. Und da war plötzlich Juan, der mich nicht verändern wollte, der mich so haben wollte, wie ich bin.«*

Juan zu der Frage, warum er sich ausgerechnet eine emanzipierte Frau aus Österreich ausgesucht hat? Antwort: Diese Frage stellte sich so nicht für ihn. Es war vielmehr ein inaktives Überwältigtsein: *»Ich war wie vom Blitz getroffen. Dieses Selbstbewußtsein, dieses Auftreten, diese Einstellung: Ich brauch' keinen Mann, Heidi weiß – und wußte damals schon – als Frau genau, wo sie steht, was sie will, wie sie es erreichen kann. Sie spricht drei Sprachen, reist allein in der Weltgeschichte herum. Ich war vollkommen überwältigt.«* Stiller Nachsatz: *»Ich wünsche mir sehr, daß unsere Tochter genauso wird wie sie.«*

Es stellt sich die Frage, wieso sich ein im legendär männlich-autoritativen Lateinamerika aufgewachsener Mann ausgerechnet von einer extrem selbständigen und autonomen Europäerin gefesselt fühlt. Die Antwort ist einfach: Anders als seine Brüder ist Juan niemals ein Macho gewesen. Die häusliche Unterordnung seiner Schwägerinnen findet er reizlos: *»Wenn eine Frau dir gehorcht und folgt, ist das bestimmt angenehm. Aber wenn sie intelligent ist, dann ist das viel, viel aufregender.«*

Juans Brüder diskutieren kaum mit ihren Frauen, er hingegen findet immer ein Thema, über das er mit Heidi sprechen will: *»Ich habe es in Nicaragua nie gelernt, mit einer emanzipierten Frau umzugehen, aber weil ich Heidis absolute Selbständigkeit akzeptiere, macht es mir Spaß, mich der Herausforderung zu stellen.«*

Und Heidi, die es ihrem Schicksal gewiß dankt, nicht doch allein geblieben zu sein, hat trotz aller Eigenständigkeit keine Probleme mit der Anerkennung von berechtigter Autorität. Heidi: »*Ich lasse mir gerne von Menschen, die mehr wissen als ich, etwas sagen.*«

Privat waren die beiden wie füreinander geschaffen. Keine Macht der Welt hätte sie noch auseinanderbringen können.

Beruflich aber hatten sie mit der Überheblichkeit einer ungerechten und uneinsichtigen Bürokratie zu kämpfen. Juan, der fertige Arzt, mußte in Wien die volle Wucht des primitiven, ordinären, gemeinen Ausländer- und Rassenhasses kennenlernen. Nicht nur auf der Straße, sondern auch in den höchsten Rängen der Universität. Ob Pöbel oder Professoren – als Lateinamerikaner mit mittelbrauner Hautfärbung bekam Juan vom goldenen Wienerherz nur die metallene Seite zu spüren. Wenn er jemanden grüßte und nicht zurückgegrüßt wurde, stürzte ihn diese Mißachtung damals noch in eine tiefe Depression. Juan: »*Heute habe ich mich negativ angepaßt. Ich denke mir dann halt, dieser Mensch hat Probleme oder einfach keine Manieren. Heute weiß ich, das hat nichts mit mir, sondern mit ihm zu tun.*«

Er, der in Nicaragua bereits die medizinische Verantwortung über ein Gebiet von 50.000 Quadratkilometern hatte, war in Österreich ein unerwünschter, angefeindeter Niemand. Juan erlebte seine schlimmste Zeit: »*Ich war der Verzweiflung nahe. In Nicaragua hatte ich schon eine Position gehabt. Hier mußte ich weit unter Null noch einmal von vorn anfangen. Ich kannte die Stadt nicht, konnte mich nicht verständigen, sprach immer nur spanisch. Jemand mußte übersetzen. Doch da weiß man nie, ob derjenige, der übersetzt, wirklich deine Meinung wiedergegeben hat. Dazu die Anpassungsschwierigkeiten, begründet durch eine völlig andere Mentalität.*« Haß schlug ihm auf Schritt und Tritt entgegen und die unausgesprochene, aber ungeniert gezeigte Empörung der Wiener: Was macht der da bei uns? Juan: »*Es war sehr schlimm und sehr, sehr schwierig für mich.*«

Sein Einsatz um die Wiedererlangung sowohl seiner Menschen- als auch seiner Doktorwürde war beispielhaft. Nicht viele würden diesen aufgezwungenen Kampf auf sich nehmen. Für das ausgestandene Leid und die wiederholt erlebten Demütigungen gebührten ihm wohl hohe Wiedergutmachungsgeschenke.

Es war ein Samstag im Juli 1982, als Juan seiner Heidi nach Wien folgte, am Montag darauf schrieb er sich schon in einen Deutschkurs ein. Heidi hatte noch ein Jahr Turnus vor sich. Für dieses eine Jahr gelang es ihnen, ein Stipendium für Juan zu bekommen: Er konnte unbezahlt bei Professor Geyer, damals Vorstand der Zweiten Medizinischen Universitätsklinik, mitarbeiten. Tausende Demütigungen mußte er in dieser Zeit hinnehmen. Die einer Patientin, die ihn »Drecksausländer« schimpfte, war noch eine der kleineren. Die eines Professors, der nur mittels einer Krankenschwester mit ihm sprach (»Fragen Sie ihn, ob er…«) schon eine größere. Und nie wird Juan den überheblichen Blick eines Kollegen vergessen, den er einmal in ärgster Bedrängnis um Rat fragte: Bei Aufnahme einer Krankengeschichte hatte eine Patientin von ihrem Zwölffingerdarmgeschwür erzählt. Um Gottes willen, durchfuhr es Juan, was ist das, ein »Zwölffingerdarmgeschwür«? Er fragte einen Kollegen. »*Was, Sie kennen das Ulcus duodeni nicht?*« rügte der arrogant. Freilich war Juan jede Art von Ulcus bekannt. Der gefällige Kollege war nur nicht in der Lage gewesen zu unterscheiden, daß der Arzt, dessen Muttersprache Spanisch ist, bloß das deutsche Monsterwort noch nie gehört hatte.

Mittlerweile hatte Heidi ihren Turnus beendet und sich um eine Facharztausbildung für Gynäkologie beworben. Sie wollten nach wie vor nach Amerika, da aber Juans Stipendium auf drei Jahre verlängert worden war, wollten sie noch zuwarten. Schließlich bekam Heidi ihren Platz zur Facharztausbildung. So verwirklichten sie erst 1986 ihren amerikanischen Traum. Zumindest wollten sie das. Sie fuhren nach New York, wohnten in Queens bei Juans

Freunden aus Nicaragua – und waren entsetzt: Juan: »*Da lebten die über fünfzehn Jahre in New York, sprachen kein Wort Englisch, sondern lebten als Nicaraguaner wie in einem Ghetto nur unter sich! Das wollten wir nicht!*« Ihr beider Ziel war es, an der Kultur dieser mächtigen Stadt teilzuhaben, sich zu integrieren und wie angesehene amerikanische Bürger zu leben. Sie sahen sich nach Arbeitsmöglichkeiten um. Und mußten mit Schrecken feststellen, wo Juans Studienkollegen arbeiteten. Heidi: »*Der eine war in der Bronx in einem Krankenhaus angestellt, in dem man nur unter Polizeischutz arbeiten kann, lauter Rauschgiftsüchtige und Alkoholiker. Wir aber wollten an einer Universität arbeiten. Doch da hatten wir keine Chance.*«

Sie fuhren weiter nach Mexiko City, an ein renommiertes Krebsinstitut. Juan hätte dort sofort als Gastarzt arbeiten können. Aber fast ohne Lohn. »*Wovon hätten wir leben sollen?*«

Der amerikanische und mexikanische Traum war ausgeträumt. Auch nach Nicaragua wollte Juan mittlerweile nicht zurück, weil er dort sofort zum Militärdienst eingezogen worden wäre und es dem Land dank der amerikanischen Blockade wirtschaftlich wieder genauso elend ging wie zuvor. Vor allem Heidi hatte Zweifel, unter diesen Bedingungen – Nicaragua ist das drittärmste Land der Welt – leben zu können.

Sie beschlossen, in Österreich zu bleiben, wo zunächst wenigstens einer – nämlich Heidi – ein sicheres Einkommen hatte. Für Juan war der Entschluß, für immer in Österreich zu bleiben, überaus schwer zu verkraften: »*Es war privat die schlimmste Zeit für mich, vom Einkommen meiner Frau leben zu müssen. Ich hab' mir sofort das Rauchen abgewöhnt, um sie nicht auch noch mit meinem Luxus zu belasten.*« Wenn eine Ehe überhaupt einer Prüfung bedarf, so hat diese alle Prüfungen bestanden. Denn Juan war immer noch ein brotloser Niemand in Österreich, als die beiden nach ihrer Rückkehr aus Amerika heirateten.

Als Gegenleistung für die österreichische Staatsbürgerschaft mußte Juan erstens sofort auf seinen vollständigen Familiennamen Flores-Madeira verzichten und zweitens zum österreichischen Bundesheer. Er tat es ohne Murren. Heidi: »*Ich hatte große Angst, daß ihn die Leute nur quälen würden.*« Er mußte auch seinen Führerschein nachmachen, alles Schikanen, die Österreich Bürgern anderer Länder aufbürdet, weil die österreichische Beamtenkamarilla davon ausgeht, daß die Prüfungen hier strenger und niveauvoller sind als anderswo. Juan: »*Obwohl ich schon sechs Jahre lang unfallfrei gefahren war, auch mit Ambulanzen, hat man hier meinen nicaraguanischen Führerschein nicht anerkannt!*« Er hat auch diese Schikane gemeistert.
Die allergrößte Hürde aber kam noch. Um in Österreich endgültig als Arzt arbeiten zu dürfen, mußte er durch das schwierige Verfahren der »Nostrifizierung«, das heißt, er mußte einige seiner in Nicaragua längst erfolgreich abgeschlossenen Universitätsprüfungen nochmals vor einer österreichischen Kommission ablegen. Vormittags arbeitete er als (nicht honorierter) Gastarzt an der Klinik, und so manche Kollegen holten sich bei ihm Rat, da sich nicht nur sein Ehrgeiz, sondern auch seine in Nicaragua nach den amerikanischen Studienprinzipien erfolgte Ausbildung allseits überdurchschnittlich positiv bemerkbar machten. Am Nachmittag mußte er zurück auf die Schulbank. Heidi: »*Sie wollten zum Beispiel, daß er die gesamte Interne Medizin nachlernt, obwohl er bereits vor ihren Augen vier Jahre auf der Internen Abteilung gearbeitet hat!*«
Juan: »*Alle Prüfungen mündlich in deutsch. Ich hab' geglaubt, ich dreh' durch!*«
Heidi glaubt, die allgemeine Haltung der für die Nostrifizierung, also die Anerkennung ausländischer Zeugnisse, zuständigen Professoren zu kennen: »*Ich höre sie ja oft miteinander reden. Sagt der eine angewidert zum andern: ›Also, jetzt muß ich wieder so eine Nostrifizierung machen. Können ja sowieso nichts, diese Ausländer‹.*« Juans Wil-

lensstärke, trotz zahlreicher schikanöser Hindernisse doch noch zu seinem Ziel zu gelangen, verdient eine hohe Auszeichnung. Am 16. Dezember 1986 hielt er seine Promotionsurkunde zum österreichischen Dr. med. in Händen. »*Es war ein toller Erfolg.*« Danach absolvierte er auch noch seine Ausbildung zum Facharzt für Innere Medizin. Heidis Vater, ein gestrenger österreichischer Herr, hat Juan zu seiner enormen Leistung gratuliert: »*Ich bin sehr stolz auf dich.*«

Es war die pure Liebe, deretwegen der lateinamerikanische Arzt Juan Flores diesen Leidensweg auf sich genommen hat. Nichts als die Liebe. In Nicaragua hätte er zwar sehr wenig verdient, aber er wäre längst auf einem sehr hohen Posten mit großem Sozialprestige. Doch Heidi fühlte sich nicht geschickt genug, in dem ärmlichen Land, aus dem ihr Mann stammt, mit all den Entbehrungen zurechtzukommen. Und er hat immer darauf geachtet, daß die eigenständige Entwicklung seiner Frau nicht Schaden leidet. Irgendwo zu bleiben, wo Heidi vielleicht keine Stelle gehabt hätte, kam für beide nicht in Frage.

Heute sind sie neununddreißig und sechsunddreißig Jahre alt, beide sind fertige Fachärzte – sie Gynäkologin, er Internist – mit eigenen Ordinationen. Sie arbeitet zusätzlich an einem Gemeindespital, er an der Universitätsklinik. Zu dem Mädchen, das 1988 auf die Welt kam, gesellte sich 1991 ein Junge dazu.

Die Farbenskala der Familie Flores reicht von mittelbraun (Vater), hellbraun (Sohn), über leicht getönt (Tochter) bis hell (Mutter). Ihre Freizeit verbringen die Flores meist mit anderen gemischten Paaren. »*Weil die Gespräche da weltoffener und großzügiger sind.*«

Juans Deutsch ist perfekt. Er hat es in zahlreichen Kursen erlernt. Die Kränkungen, die ihm immer noch wegen seiner nicht-österreichischen Hautfarbe widerfahren, steckt er jetzt leichter weg. Juan: »*Heute bin ich in der Position, in der ich mir meine braune Hautfarbe leisten kann!*«

Für die Erziehung der Kinder hat er ganz bestimmte Wünsche: *»Ich möchte nicht, daß aus meinen Kindern durchschnittliche Österreicher werden. Es ist mir klar, daß sie gebürtige Österreicher sind, Deutsch als Muttersprache haben und eine österreichische Mentalität bekommen. Sie müssen aber trotzdem anders werden. Ich rede mit meinen Kindern nur spanisch. Auch wenn sie vorerst nur deutsch antworten, werden sie dadurch viel von meiner Mentalität, von meiner Weltanschauung vermittelt bekommen.«*
Heidi hat von Juans Mentalität bereits profitiert. Zum Beispiel von seiner ruhigeren ungestreßten Art, mit der Zeit umzugehen. Als Juan Heidis Familie kurz nach seiner Ankunft in Österreich zum ersten Mal bei einer Bergwanderung begleitete, verstand er die Welt nicht mehr. Juan: *»Die rasten hinauf, sahen sich nicht um, machten kehrt, nur um ›es‹ in fünf Stunden geschafft zu haben. Das ist mir fremd. Man muß doch schauen, rasten, in die Wolken starren, die Blumen genießen, und wenn man will, auch vor dem Gipfel schon haltmachen, die Zeit einfach vergehen lassen! Nein, den Streß tu' ich mir nicht an. Diese Manie, daß immer etwas getan werden muß. Hinaus mit uns, bei Regen oder Sonnenschein! Die Zeit muß mit Leistung vollgestopft werden! Dieser Ansicht bin ich nicht. Ich meine durchaus, daß wir samtags alle einmal länger im Bett bleiben können. Es muß nicht immer etwas geschehen.«*
Heidi: *»Früher fand ich es eine Schande, wenn man bei strahlendem Wetter bis Mittag schläft. Der Tag muß doch sinnvoll genutzt werden, dachte ich. Mittlerweile gefällt mir das längere Imbettbleiben aber auch schon! Ich fange an zu begreifen, was genießen heißt.«*
Andrerseits hat es Juan gefallen, Schi fahren zu lernen. *»Was hätte ich denn tun sollen, während Heidi zu Hause in der Steiermark Wintersport treibt? Da hab' ich auch angefangen – und es macht mir unheimlichen Spaß.«*
Ist Juan Flores im Herzen Österreicher geworden? Er hat dazu noch kein abschließendes Urteil gefällt: *»Ich bin jetzt*

seit zwölf Jahren in Österreich. Und jedesmal, wenn wir aus dem Urlaub zurückkehren, freue ich mich auf Österreich. Es ist absurd, es ist unglaublich, wie sehr ich mich auf unser Zuhause freue. Und trotzdem: Als ich jetzt nach acht Jahren zum ersten Mal wieder nach Nicaragua gefahren bin, war es ein emotionaler Schock. Die Bäume mit ihren blutroten Blüten und das Meer und das Land, die Wärme, die Düfte und das Gemisch der Gefühle. Als ich nach vier Wochen nach Österreich zurück mußte, war ich sehr sehr traurig. Nicaragua ist das einzige Land, aus dem ich traurig in mein geliebtes Österreich heimkehre.« □

»Große orientalische Augen bringen mich um den Verstand.«

MARTHA BUTBUL ALIAS JAZZ-GITTI UND DER MAROKKANISCHE SPANIER ABDERRAHAMAN DRIS-MOHAMED

Jazz-Gitti ist ein Wiener Original. In Österreich ist die rundliche, rosige Sängerin jedem Kind ein Begriff. Ist sie landauf, landab mit ihren »Disco-Killern« auf Tournee, wackeln die Wände der Konzertsäle, Stadthallen und Versammlungslokale bis lange nach Mitternacht. Ihre üppig swingende Schlagermusik mit Hits wie »Kränk di net«, »Hoppala«, »A Wunda« und »Der Bauch muaß weg« kommt bei Jung und Alt äußerst gut an. In der TV-Blödelserie »Tohuwabohu« wurde sie, dank ihrem Talent zum Komischen, über Nacht auch zum Fernsehstar.
Nicht immer ging es der Jazz-Gitti so gut wie jetzt. Schon einmal hat sie versucht, sich als Besitzerin eines Jazz-Lokals (daher auch ihr Spitz- und Künstlername »Jazz-Gitti«) selbständig zu machen. Die Jahre 1973 bis 1985 könnten als Gittis unternehmerische Lehrjahre gelten. Zuerst eröffnete sie einen Jazz-Keller in Grinzing, den ersten Wiener »Jazz-Heurigen«. Dann einen am Bauernmarkt, und schließlich ein Lokal in der Seilerstätte im ersten Wiener Gemeindebezirk. Auf Wunsch des Publikums sang sie dort zu nächtlicher Stunde beliebte Ohrwürmer. Ihre Lieder gefielen, doch das unternehmerische Experiment schlug fehl. *»I bin auf die Pappen g'flog'n«*, stellt Gitti heute nüchtern fest. Obwohl sie pausenlos schuftete, blieben

ihr von diesem Lokal am Schluß nur Schulden. Ziemlich hohe sogar, an die eineinhalb Millionen Schilling. Ohne Zorn blickt Gitti zurück: *»Meine Fehler waren: schlechte Verträge, zuwenig Eigenkapital und zuviel Herz. Ich bin pleite gegangen.«*

Doch eine echte Wienerin geht nicht unter. Das finanzielle Desaster hat Gitti erst recht zu der fleißigen Sängerin gemacht, die sie heute ist: *»Ich hab' mir gedacht, wenn ich meine Schulden mit Arbeitengeh'n zurückzahle, dann werd' ich das in hundert Jahr' nicht können, aber wenn ich im Showbusiness einen Hit lande, kann ich das vielleicht irgendwie abstottern.«*

»Mit ein bißchen Glück« (Gitti) geschah genau das. Von da an hat Gitti nur noch gesungen – und ihre Schulden auf Heller und Pfennig zurückerstattet.

Trotz aller Liebe und Erfolge im Showbiz ist die Achtundvierzigjährige aber realistisch geblieben: *»Ich werd' nicht ewig auf der Bühne stehen können«*, weiß sie und hat vorgesorgt. Quasi *»für die Altersvorsorge«* hat sie unlängst ein Geschäft für Damenbekleidung und Dessous ab Größe 44 eröffnet.

Gitti erprobt sich also wieder als Geschäftsfrau: *»Man weiß ja, wie das Showbusiness ist. Das Geschäft ist mein zweiter Haxn. Damit kehr' ich auch wieder irgendwie dahin zurück, wo meine Mutter angefangen hat. Sie hat ja auch ein Bekleidungsgeschäft gehabt.«*

Zu diesem Buch kann die rundliche Sexgöttin doppelt beitragen: In Israel war sie mit dem aus Marokko stammenden Juden Yitzahk »Jacky« Butbul, verheiratet, dem Vater ihrer Tochter Schlomit Butbul. Von ihm ließ sie sich nach sieben Jahren Ehe scheiden. Heute lebt sie in der Nähe Korneuburgs bei Wien mit einem ebenfalls aus Marokko stammenden Lebenspartner zusammen: mit Abderrahaman Dris-Mohamed, kurz Abdu genannt, einem Berber islamischen Glaubens, den sie während eines Urlaubs 1992 auf der spanischen Sonneninsel Gran Canaria kennenge-

lernt hat. Abdu führte dort mit seinen Brüdern ein Lederwarengeschäft, verliebte sich aber in die muntere Jazz-Mutti und folgte ihr noch im selben Jahr nach Wien. Jetzt haben er und Gitti eine Gesellschaft gegründet, mit der sie ihr Bekleidungsgeschäft »Mode für Mollige« betreiben. Abdu, der geborene Kaufmann, bedient im Geschäft, während Gitti von einer Tournee zur nächsten eilt.
Die Frage, wie es sich mit Männern aus Nordafrika – egal welchen Glaubens – leben läßt, ob leichter oder schwerer als mit einem Europäer, vermag Jazz-Gitti allerdings nicht eindeutig zu beantworten. Denn ihre Bewertungen heben einander auf, sind widersprüchlich: Mit ihrem jüdisch-marokkanischen Exehemann hat sie überwiegend schlechte Erfahrungen gemacht. Mit dem marokkanisch-mohammedanischen Freund Abdu hingegen bisher nur gute. Sie meint: *»Man kann nicht generalisieren. Der Jacky war ein Ekel, und der Abdu ist ein Herzerl, das hat aber nichts damit zu tun, daß beide aus Nordafrika stammen.«* Trotzdem ist Martha Butbul bereit, der Frage nach der Prägung der Menschen durch ihre Umwelt und Kultur auf den Grund zu gehen. Zuerst ihrer eigenen: Gittis Biografie ist voll von außergewöhnlichen Begebenheiten, sie hat nie ein bürgerliches Leben gelebt, sondern immer mehr riskiert und gewagt als andere. Schon durch ihre eigene halbjüdische Herkunft war so manche Zickzackwendung ihres Schicksals vorherbestimmt.
Die Jazz-Gitti kam 1946 als Martha Bohdal in Wien zur Welt, ein Jahr nach Ende des Zweiten Weltkriegs in einer wirtschaftlich sehr schweren Zeit. Ihre Mutter, Frieda Prober, war polnisch-ungarischer-jüdischer Abstammung. Der Vater, Ferdinand Bohdal, hat tschechisch-jugoslawische Wurzeln. Jazz-Gitti erzählt: *»Mein Urgroßvater mütterlicherseits lebte noch im jüdischen Städtl in Polen.«*
Gittis Großmutter Fege Gold, die nach Wien gekommen war, und ihr Onkel Manuel sind in Auschwitz umgekommen. Ihr Onkel Bella hat Auschwitz überlebt, er und Onkel Emil wanderten nach Israel aus.

Gitti weiter im Familienalbum: »*Meine Mutter heiratete Ferdinand Bohdal und blieb in Wien. Im Krieg hat mein Vater meine Mutter versteckt. Sie hat als Jüdin in Wien während der ganzen Nazizeit nur im Keller gelebt, mein Vater hat ihr das Leben gerettet. Deswegen hat sie auch nach dem Krieg zu meinem Vater gehalten, was immer er auch getan hat. Er war leider ein großer Frauenheld, aber sie hat nichts über ihn kommen lassen. Nie. Sie hat am Mexikoplatz im zweiten Bezirk ein Geschäft mit Waren aller Art gehabt und war ein sehr fleißiger Mensch.*«
Als Martha, die – »*ich weiß auch nicht, warum*« – von klein auf schon Gitti genannt wurde, vierzehn war, starb die Mutter. Der Vater wollte, daß Gitti im Geschäft bleibt und den Handel übernimmt, aber sie wollte nicht. Sie hat nicht einmal das letzte Jahr der Hauptschule richtig beendet. Denn, so Gitti: »*Ich wollt' nach Israel, wo Onkel Emil gelebt hat. Dabei war ich überhaupt nicht religiös aufgewachsen. Ich wollt' eigentlich nur einen lustigen Mann heiraten und fünf Kinder haben. Sonst hatte ich keine Ambitionen.*«
So fuhr sie mit vierzehn zum ersten Mal nach Israel, kehrte mit fünfzehn zunächst wieder zurück, flog mit siebzehn zur Hochzeit ihrer Cousine wieder ins Gelobte Land. Dort lernte sie Yitzahk Butbul kennen, heiratete ihn »*gegen den Willen meiner ganzen Familie*« und wurde zur Towa Butbul. In Israel absolvierte Martha-Gitti-Towa eine Schule für Koch und Kellner. Zuerst arbeitete sie in der Küche, bis sie feststellte, daß sie damit »*zwar viel Arbeit hatte, aber wenig verdiente.*« Als ihre Tochter Schlomit noch klein war und sie nur stundenweise weggehen konnte, arbeitete sie als Putzfrau und als Kindermädchen. Dann probierte sie den Beruf einer Friseuse, bis sie merkte, daß ihr »*vor den Haaren grauste*«. Sie wurde Verkäuferin, denn: »*Ich wollte so lange arbeiten, bis wir uns eine tolle Wohnung leisten können, dann wollte ich noch zwei Kinder kriegen und mein lustiges Leben leben. Ich wollte nie höher hinaus.*«

Nach sieben Jahren Ehe – Tochter Schlomit ist gerade sechs Jahre alt – verläßt Martha-Gitti-Towa ihren Mann und kehrt nach Wien zurück. Über das Rabbinat in Wien läßt sie sich scheiden. Ihre Erinnerungen an ihren Exmann sind nicht gut: »*Er hat auf mich eingedroschen, bis ich mich gewehrt und zurückgeschlagen habe. Als ich gemerkt habe, daß das keine Basis für ein gemeinsames Leben ist, hab' ich mich abgeseilt. Gerade durch die Erfahrung mit meinem Mann habe ich lange einen Bogen um die Nordafrikaner gemacht.*«
Doch wie das Schicksal so spielt: Nachdem sie einige Jahre lustlose Erfahrungen mit einem Österreicher gesammelt hatte, verliebte sie sich prompt wieder unsterblich in einen Sohn des Maghreb. Gitti gerät ins Schwärmen: »*Abdu ist ein Berber, der in Spanisch-Marokko aufgewachsen ist. Er sagt, bevor er eine Frau schlägt, hackt er sich selber die Hand ab. Er entstammt einer Minderheit unter den Arabern. Sein Vater ist gläubiger Mohammedaner, aber nur bis zu einem gewissen Grad. Wenn er zu Hause ist, dann hält er sich an die Vorschriften des Fastenmonats Ramadan, in Österreich aber nicht. Ich bringe jedenfalls kein Schweinefleisch heim, weil ich weiß, daß ihm davor graust. Wenn ich Gusto auf Schweinernes habe, dann eß' ich das halt anderswo. Da muß man schon auf die Gewohnheiten des anderen achten. Es ist ein gegenseitiges Respektieren, das tut man ja bei einem Inländer auch.*«
Kennengelernt haben sich Gitti und Abdu auf der spanischen Insel Gran Canaria, auf der er schon seit fünfzehn Jahren mit einigen seiner Brüder lebte. Eines Tages hat Gitti, die Urlauberin, in seinem Geschäft Schuhe gekauft. Durch den Umgang mit deutschen Touristen sprach Abdu bereits genügend deutsch, um sich mit ihr gleich gut zu verstehen.«
Gittis Erinnerung: »*Naja, da hab' ich halt ein paarmal bei ihm eingekauft – zum Beispiel Schuhe für die Kinder meines Ziehsohnes. Zu Hause merkte ich, daß man mir einen*

großen und einen kleinen Schuh eingepackt hatte, so bin ich zurückgegangen, um sie umzutauschen. Abdu empfing mich mit den Worten: Na Schatzili, bist du schon wieder da?‹ Ich hab bös reagiert: ›Nix Schatzi, zwei falsche Schuh hast du mir verkauft!‹ Bis zu diesem Zeitpunkt hatte er mich schon zweimal um ein Rendezvous gebeten, und ich hatte schon zweimal darauf geantwortet: ›Ja kommst halt, wir sind sowieso mehrere Mädels.‹ Er ist aber nie gekommen. Als er wieder fragte, wurde ich zornig: ›Jetzt haben wir uns schon zweimal was ausgemacht und du bist nicht gekommen, was soll das?‹ Da war er plötzlich ganz ernst: ›Nein, nein, seriös!‹ Da sind wir miteinander ausgegangen.«
Die Romanze nahm ihren Lauf: *»Er hat mir alle Packerln getragen und war irrsinnig nett. Dann sind wir drei Stunden im Kaffeehaus gesessen und haben gequatscht. Es war sehr lustig. Ich fand ihn witzig und eigentlich ganz harmlos. Ich hab' überhaupt keine schlimmen Gedanken gehabt, ihn da irgendwie auf die Matte zu schmeißen. Er war mir einfach sympathisch, er hat ja so ein freundliches Gesicht und hat gelacht. Oft lernt man ja einen Mann kennen, der einen reizt, obwohl man nicht wirklich Vertrauen zu ihm hat. Der Abdu hat mich gar nicht so gereizt, aber irgendwie hab' ich sofort Vertrauen zu ihm gehabt. Obwohl er dauernd Späße gemacht hat: Wenn ich mitkomme, dann verscherbelt er mich an seinen Harem und so weiter. Ich kann auch von meiner hebräischen Zeit ein paar arabische Worte, und da haben wir halt viel gelacht und eine Gaudi gehabt. Und was mir auch gefallen hat: Er hat nicht geraucht und keinen Alkohol getrunken, und nach einer Weile hab' ich ihn gefragt, ob wir nicht irgendwo tanzen gehen. Er wollte sich umziehen, und ich bin mitgegangen. Was mir gleich sehr angenehm auffiel: Es war peinlichst sauber bei ihm zu Hause, und er hat mir einen Tee gemacht, aber dann ist es halt anders gekommen. Ich hab' mich eigentlich in sein Lachen verliebt, in seine Art, die war so – anders.«*
Die beiden beschließen zusammenzubleiben. Abdu über-

läßt das Geschäft seinen Brüdern und folgt Gitti in die nebelig-kühle Stadt an der Donau. Die Unterschiede schrecken nicht, sondern spornen im Gegenteil zu größerer Rücksichtnahme im Umgang miteinander an.
Gitti: »*Ich bin jüdisch, er mohammedanisch, aber beide sind wir nicht streng gläubig. Wir versuchen in erster Linie, Mensch zu sein. Dabei ist er mir sehr ähnlich. Das ist das Sonderbare: Er ist zwar aus einer anderen Kultur, aber ich fühle mich diesem Kulturkreis sehr verbunden. Wir sind eigentlich Cousin und Cousine. Ich bin die Tochter vom Isaak und er der Sohn von Ismael. Beide waren die Söhne Abrahams. Wir vertragen uns gut und wir haben uns gern, und wenn man sich liebhat, dann ist das alles kein Problem – bis auf die Sprache.*« Gitti spricht zwar Hebräisch und versteht damit einige Wörter Arabisch. Jedoch nicht genug. Abdu lernte von den Touristen auf Gran Canaria etwas Deutsch, aber auch nur ein paar Brocken. Deshalb will Gitti jetzt unbedingt Spanisch lernen, um sich über das nahezu wortlose Verstehen hinaus besser mit ihm verständigen zu können.
Gitti: »*Wir haben ganz sicher eine Sprachbarriere, und das ist ganz witzig: Wenn es dem Abdu zuviel wird, wenn er etwas sagen möchte und nicht die richtigen Worte findet, dann sagt er mir das nicht spanisch, sondern berberisch, weil ich das überhaupt nicht verstehe. Und dabei spricht er sehr laut, und ich glaub' dann immer, er schreit mit mir. Aber das stimmt nicht. Mittlerweile weiß ich, in seiner Muttersprache spricht er automatisch lauter. Trotzdem frag' ich: ›Was schimpfst du schon wieder?‹ Worauf er sich jedesmal wundert: ›Ich habe gar nicht geschimpft, ich habe nur gesagt...‹ Im Deutschen verdreht er fast immer die Wörter, und wir müssen dann auch in einer Situation, die vielleicht ernst wäre und zum Streit Anlaß gäbe, lachen. Daß wir uns liebhaben, gleicht natürlich alle Sprachschwierigkeiten aus, da verzeiht man viel mehr.*«
Gitti mutmaßt: »*Hätte ich den Abdu früher kennengelernt, dann hätte ich wahrscheinlich nie einen anderen Mann an-*

geschaut, hätte mit ihm meine fünf Kinder und wäre in der Villa Kunterbunt. Er ist ein Herzerl. Mein erster Mann war ein Hektiker, und der ist auch mit vierzig gestorben. In diesen vierzig Jahren hat er so viel erlebt, wie ein anderer nicht in achtzig. Er war ein ganz anderer Typ Mensch. Er hat mit seiner zweiten Frau nicht so eine schlechte Ehe geführt wie mit mir. Er hat dann auch eine Glückssträhne gehabt, hat im Spiel gewonnen und relativ gut verdient. Daß er auch seine Wurzeln in Spanien und Marokko hatte, war wohl nur Zufall. Vielleicht komme ich aber auch aus der Gegend, weil es mich immer wieder zu den Nordafrikanern hinzieht. Ich meine, im Sinne des Karma, der Reinkarnation, daß man halt immer wiederkommt. Ich denk' mir halt, daß wir alle schon mal da waren, es kann ja nicht nach einem einzigen Leben Schluß sein.«

Wie müßte Gittis Traummann sein?

Gitti: »*Ich hab' mich immer davor gefürchtet, einen Mann zu haben, der besoffen nach Hause kommt, herumlallt und dann über mich herfällt. Ich wollte immer einen heimeligen Kuschelbären, mit dem ich es lustig habe, und das erfüllt der Abdu. Aber das hat nichts damit zu tun, daß er Spanier, Marokkaner oder Berber ist, sondern so ist er eben. Vielleicht gibt es auch Österreicher, die solche Kuschelbären sind. Ich hab' halt nur nie einen getroffen. Ich war dreizehn Jahre mit einem Vorarlberger zusammen und hab' auch geglaubt, daß das die Erfüllung ist. Aber nach zehn Jahren habe ich mir gedacht, das kann nicht alles gewesen sein. Er war mir zu sehr ergeben, das hat mich gelähmt. Später hab' ich herausgefunden, daß er mir nur was vorgespielt hat. Ich hab' trotz gemeinsamer Sprache weniger mit ihm reden können als mit dem Abdu.«*

Was sind die grundlegenden Unterschiede zwischen Europäern und Orientalen?

Gitti: »*Orientalische Männer sind zwar nach außen hin ziemliche Machos, aber sie sind im Matriachat erzogen. Zu Hause hat dort die Mutter das Sagen, und sie sind sehr gute*

Söhne. Sie haben großen Respekt vor der Mutter und allen weiblichen Mitgliedern ihrer Familie und dadurch auch vor ihren Frauen. Das finde ich in Ordnung.«

Wo sieht Gitti Probleme in ihrer Beziehung?

Gitti: »*Für den Abdu war es, glaube ich, sehr schwer zu akzeptieren, daß nicht ich in seinem Land lebe, sondern er in meinem und daß ich selbst für mich sorgen kann, nicht von ihm abhängig bin. Am liebsten wäre es ihm, wenn ich bei ihm in Spanien geblieben wäre. Er hatte dort ja das Lederwarengeschäft, ich würde in der Wohnung darüber wohnen, er käme zu Mittag rauf. Ich würde daheim werken, so hätte er es am liebsten. Sicher geht ihm was ab. Er hat aber gewußt, daß das anders läuft, wenn er mit einer Europäerin zusammen ist und in Österreich lebt. Wahrscheinlich hat er mich aber so lieb, daß er das akzeptiert. Und wenn das für ihn unmöglich wäre, könnte ich wohl auch so leben wie er. Nur einengen würde ich mich von ihm nicht lassen, er müßte mich akzeptieren als das, was ich bin, weil ich das ja umgekehrt auch tue. Er müßte auch genug verdienen, daß ich mir das leisten kann, was ich mir leiste, wenn ich selbst verdiene. Wenn er also genug Geld hätte, würd' ich nichts dabei finden, ich würde bei ihm leben. Im Moment kann ich das aber nicht, ich bin ein Unternehmen, es leben zwölf Leute von mir. Und es kommt noch was dazu: Er ist viel jünger als ich, und ich denke mir, was ist in zehn Jahren, vielleicht will er mich dann nicht mehr, was mache ich dann?«*

Abdu kann nicht genug Deutsch, um für dieses Buch selbst über das kunterbunte Leben mit seiner Gitti zu erzählen. Sie aber glaubt, seine Schwierigkeiten mit Europa zu spüren: »*Abdu geht zum Beispiel die Warmherzigkeit ab, die Wärme der Menschen, das viele Beisammensitzen. Er vermißt bei uns das bunte Treiben auf der Straße. Er hätte es halt gern, wenn er rausgehen könnte, sich in ein Kaffeehaus setzen und ein bißchen mit Leuten tratschen. Er sagt: ›Alle Ausländer haben ihre Ausländer hier, nur ich nicht.‹ Ich sag' dann immer: ›Es gibt doch Spanier in Wien, aber die*

willst du ja nicht. Woher soll ich einen Berber für dich nehmen?‹ Andrerseits tut dem Abdu das Herz weh, wenn er die vielen Ägypter sieht, die bei uns als Zeitungsverkäufer arbeiten. Er fragt sich, was die da machen. Die haben ein eigenes Land. Nur herzukommen, um Zeitungen zu verkaufen, was ist das für ein Leben?
Der Abdu ist nicht hergekommen, weil es ihm wirtschaftlich nicht gut geht in seinem Land und er sich verbessern will oder Geld heimschicken will. Er ist da, weil er mich gern hat. ›Wenn du nicht da bist, dann bleibe ich keine Stunde länger hier. Die Österreicher tun so, als wollte ich ein Almosen.‹ Er war ziemlich geschockt, als ihn auf dem Parkplatz einer gefragt hat, woher er kommt. Der Abdu hat ihn angeschaut und gesagt: ›Von zu Hause!‹ Man fragt doch einen wildfremden Menschen nicht auf dem Parkplatz, woher er kommt! Das ist doch kein Benehmen. Obwohl er sich geärgert hat, hat er dann doch freundlich reagiert, weil er dachte, die kennen mich vielleicht aus der Zeitung. Weil er ja öfters abgebildet war mit mir.«
Gitti hat natürlich auch über die Ausländerfeindlichkeit der Österreicher nachgedacht und kommt zu einem milden Urteil:
»Ich hab' mir sehr oft Gedanken gemacht, warum das so ist. Die Österreicher sind doch eigentlich liebe Leute, auch sehr hilfsbereit. Wenn einer auf der Straße liegt und ruft: ›Geh bitte, helft's mir!‹, dann rennen doch sofort elf Österreicher hin und helfen. Wenn wir Österreicher ins Ausland fahren, sind wir bemüht, uns dort zu akklimatisieren, das heißt, wir essen das dort übliche Essen, wir wollen auch ein bißl mit den Leuten reden und zusammenkommen. Weil wir selbst ein Mischvolk sind. Und von den Ausländern erwarten wir das auch. Wir sagen: Wenn ihr schon herkommt, dann bemüht's euch, dann akklimatisiert's euch, dann sauft's einen G'spritzten und freßt's eine Burenwurscht. Vielleicht kommt noch etwas dazu, auch bei den intelligenteren Menschen: diese Angst vor dem, was man nicht kennt. Wenn der

Abdu oft so laut wird, denk' ich mir, jetzt schreit er mich an. Dabei schimpft er gar nicht, die größere Lautstärke ist für ihn in seiner Muttersprache ganz normal. Aber im ersten Moment reißt's mich. Das ist die Angst vor dem Fremden. Wenn man den einzelnen Österreicher aber fragt, auch den, der ›Scheißausländer‹ sagt: ›Na, kennst' einen?‹, dann sagt er: ›Ja, den Milan, das ist mein Arbeitskollege, den hab' ich gern. Und unsere Hausmeisterin, die schon fünfzehn Jahre da ist, die ist auch klass.‹ Die gelten dann nicht mehr als Ausländer.«

Wie steht es mit der Ausländerfeindlichkeit der Ausländer? Wie würde Gitti in Spanien mit der Familie ihres Abdu zurechtkommen? Gitti dazu: »*Ich kenne niemand aus seiner Familie, und das hat einen ganz einfachen Grund: Die wollen keine Fremden. Zwei Brüder sind verheiratet mit deutschen Frauen, die Eltern sind nicht sehr glücklich darüber, obwohl es der eine recht gut getroffen hat. Er hat drei Kinder und ist sehr gut situiert. Aber sie wollen trotzdem, daß der Abdu eine Berberin heiratet, und da kommt er mit einer Europäerin daher, die auch noch älter ist und keine Kinder mehr kriegt! Nein, nein, es ist besser, wir fahren dort überhaupt nicht hin. Abdu sieht das genauso wie ich. Er sagt: ›Die sind alt, und ich hab' dich lieb, und will nicht, daß sie über dich was Böses sagen; denn dann muß ich darauf antworten, aber ich will ihnen nicht weh tun. So ist es das gescheiteste, wir fahren gar nicht hin.‹*

Ich will ihn auch nicht zu meiner Familie zerren, denn wenn die irgendeine Bemerkung über seine Herkunft machen, spring ich ihnen ins Gesicht. Das ist wahrscheinlich ebenso wie mit seiner Familie. Wir zwei kommen miteinander gut aus, wir sind happy, uns hat niemand was dreinzureden.

Nehmen wir an, ich wäre in Spanien und seine Eltern wären gegen mich, würde ich mir das nicht bieten lassen. Wenn ich sehe, daß es nicht geht, dann pack' ich zusammen und gehe. Auch wenn die Partnerschaft nicht mehr funktio-

niert. So hab' ich das ja auch mit Yitzahk gemacht, es hat nicht mehr gepaßt, und ich bin gegangen. Heute würde ich mich auch besser zu wehren wissen gegen seine Brutalität. Viele Frauen gehen den bequemeren Weg, sie denken, naja, es wird schon werden, und lassen sich weiter unterdrücken. Ich schau' mir dagegen die Männer, mit denen ich zusammenlebe, sehr genau an. Aber ich war auch nie abhängig von jemandem, und ich hab' mich auch nie gescheut, irgendeine Arbeit zu tun, um frei zu bleiben.«

Ist Gitti jetzt nicht mit ganz anderen Problemen konfrontiert? Sie ist die Erfolgreiche im Haus, Abdu steht etwas in ihrem Schatten. Wie wird ein in der klassischen Männergesellschaft aufgewachsener Mohammedaner damit fertig? Gitti hat dazu ihre Überlegungen angestellt: *»Daß er in meinem Schatten steht, stört ihn nicht. Nur geht es ihm manchmal auf die Nerven, wenn wir wohin gehen, und wildfremde Leut' fangen mit mir zu reden an, während er mit mir spricht. Da wird er oft böse und geht weiter, und ich tratsch' – ich bin halt eine Tratschen. Er schreit dann immer nach mir, aber ich meine: Geschäft ist Geschäft.*

Er ist manchmal ein Gifthäferl, da sind wir uns schon sehr ähnlich. Er wird schnell zornig, regt sich auf – dreht sich um und hat's vergessen. Im Unterschied zu mir ist er jedoch im allgemeinen sehr ruhig, er hat diese orientalische Gelassenheit: Wenn es nicht heute ist, dann ist es morgen, es rennt uns nichts davon. Wenn ich mich aufrege, daß wir noch schnell Brot kaufen müssen, dann beruhigt er mich: ›Wir müssen gar nichts, wir haben eingefrorene Semmeln, man kann eine Eierspeise machen, wir haben einen Thunfisch zu Hause, ich kann dir machen für zwei Tage ein Menü, wir brauchen gar nichts, sitz' du ruhig.‹ Dann setzt er mich in eine Ecke und sagt: ›Guckst du bißl Televischen und bist du ruhig.‹ Das genieße ich. Abdu ist der erste Mann, der mich bemuttert, ohne unterwürfig zu sein. Das hat sogar meine Tochter festgestellt.

Nach meinem Benefizkonzert im Sankt Anna Kinderspital

war ich total fertig. Das Elend der kleinen krebskranken Gschrappn ist ja kaum auszuhalten. Zu Hause hab' ich einen Weinkrampf gekriegt. Abdu hat mich gehalten wie ein Baby und hat mich gestreichelt. Er macht das auf so eine besondere Art – ich weiß nicht, ob das orientalisch ist. Für mich ist das Abdu-like. Vielleicht stimmt es, daß österreichische Männer nicht so sanft und warmherzig sind, aber es gibt dort wie da gute und böse Menschen.«

Nach langem Insistieren, ob an den Nordafrikanern nicht doch etwas Besonders wäre, das bei Gitti alle Sicherungen durchbrennen läßt, muß sie – nach reiflicher Überlegung – doch einen kleinen Unterschied zugeben. Was sagt Gitti zu dem Mythos, daß orientalische Männer so umwerfend gut im Bett seien, besser als so manche Europäer, die ja als weniger potent gelten? Sexpertin Gitti: »*Über Länge, Größe und Potenz möcht' ich nichts sagen. Es gibt auch sehr potente Europäer. Ich weiß es aus Erfahrung. Vielleicht haben die Araber mehr in der Hose, aber ich will hier überhaupt nicht generalisieren. Eines aber stimmt ganz gewiß: Die Orientalen haben garantiert keine Versagensängste, während die Europäer ständig unter dem Druck leben, es bringen zu müssen, der Beste zu sein, der Chef. Bei den Europäern läßt dieser mörderische Leistungsdruck oft auch im Bett nicht nach. Das macht ihnen angst. Die Orientalen haben dagegen ein wohltuend unkompliziertes, natürliches Verhältnis zu ihrem Körper. Versagenskomplexe, Kastrationsangst und all dieser psychologische Ballast ist ihnen fremd.«*

Gitti gibt aber dann doch zu: »*Wahrscheinlich stehe ich wirklich auf die dunkle Hautfarbe. Ja, wenn der Abdu mich anschaut mit seinen großen dunklen Augen, dann kann er mir alles erzählen. Der volle, sinnliche Mund, die dunkle Haut, das gefällt mir. Das ist für mich a priori schon sehr erotisch. Obwohl ich noch nie eine Beziehung mit einem Schwarzen hatte, weil ich noch keinen getroffen habe, wo es gepaßt hätte. Ich habe viele Afrikaner gekannt, aber die waren in ihrer Art so unerträglich, daß ich mir immer gedacht*

habe, nein, mit dem nicht. Dann habe ich schwarze Amerikaner kennengelernt, die waren mir wieder zu schmissig, so gar nicht herzlich und lieb. Ich muß aber ehrlich sagen, ich mag dunkle Männer, ich stehe auf die dunkle Hautfarbe.«
Gitti enthüllt Intimes: »*Und was für mich auch noch so toll ist: Ich rieche den Abdu so gerne, er riecht so gut. Mir genügt es schon, mich an ihn ranzukuscheln und seine Haut zu riechen. A Wahnsinn.«*
Das Risiko? Das kleine Fragezeichen? Gitti wägt ab: »*Ich denke mir halt, in zehn Jahren ist er sechsundvierzig, dann sagt er vielleicht: ›Bringe ich eine Barbarita, eine zweite Frau, die kriegt ein Kind. Du bist dann die erste Frau, und sie ist die zweite.‹ Ich würde dann sagen: ›Nein, mit mir nicht.‹ Darauf er: ›Aber geh', sie hilft dir im Haus.‹ Er sieht da kein Problem: Wir hätten uns alle lieb. Und das ist schon sehr orientalisch. Aber ich kann ihm keine Kinder mehr schenken, und in zehn Jahren schon gar nicht. Aber will ich das überhaupt? Will ich mit achtundvierzig noch ein Kind haben? Wenn es passiert, dann werde ich mich entscheiden, wenn es soweit ist. Passiert es nicht, dann ist es mein Schicksal.*
Ich hab' auch das Gefühl, daß in den orientalischen Ländern das Älterwerden eine andere Rolle spielt als bei uns. Je älter man ist, desto würdiger ist man. Abdu sieht in mir nicht die Frau, die immer älter, sondern die immer ehrenwerter wird. Wenn ich in den Spiegel schau' und sag': ›Ach, heute schau' ich wieder alt aus‹, dann korrigiert er mich: ›Ja, bist du Alte! Aber bist du sehr schön, schaust du gut aus. Bist du mein Schatzi, bist du alt, na und?‹ Das sagt er nicht nur so dahin, ich sehe in seinem Blick, daß er es auch meint. Sieht er mir beim Ausziehen zu, sagt er: ›Bist du muy gut.‹ Er akzeptiert, wie ich bin. Er ist ganz und gar aufmerksam, ohne daß er dauernd daherkommt und mir Blumen bringt.
Ich hab' immer mit meinem Gewicht gekämpft, aber gleichzeitig auch immer gerne gegessen. Der Abdu sagt: ›Puppele, Puppele iß doch, wenn's dir schmeckt.‹ Mein Mann hat im-

mer gesagt: ›Du hast in deinem Leben schon genug gegessen. Du brauchst nicht mehr so viel.‹ Mein Ex wollte mich ständig schlanker haben. Der Abdu mag mich so, wie ich bin. Und ich liebe ihn auch, wie er ist. Selbst wenn er mit den Fingern ißt, ist das für mich g'schmackig, ich kann ihm stundenlang dabei zuschauen.
Er hat auch ein unheimliches G'spür für zwischenmenschliche Dinge. Ich bin oft wie der Elefant im Porzellanladen. Er ist diskret, taktvoll, spürt sofort, was mit dem andern los ist. Das hat damit zu tun, daß die Orientalen immer versuchen, die Ehre des anderen zu wahren, ihn nicht zu kränken, ihn nicht sein Gesicht verlieren zu lassen. Das ist etwas sehr Schönes.«
Gittis Empfehlung an alle, die mit einem Menschen aus einem anderen Kulturkreis zusammenleben: »*Man muß auf die Eigenheiten seines Kulturkreises eingehen. Ich frag' mich nicht bei jeder seiner Reaktionen, ob das orientalisch war oder nicht. Aber ich weiß, wie gesagt, daß den Orientalen der Begriff Ehre viel wichtiger ist als uns. In Europa werden Kränkungen mit Zynismus zugedeckt und kaschiert. Der Europäer neigt dazu, nicht zuzugeben, wenn er gekränkt ist, sondern es zu überspielen. Mit dem Resultat, daß er verschlossen und verbittert wird und dadurch seelisch krank. Europäer sind alle wie gebrannte Kinder. Sie spielen die Harten, auch wenn sie mal schwach sind. Der Orientale ist offener, geradliniger. Er frißt nichts in sich hinein, spricht alles aus. Freude und Wut werden sofort zum Ausdruck gebracht. Ich kann es aber auch nicht objektiv beschreiben, weil ich den Abdu nicht in erster Linie als Orientalen sehe, sondern als den Mann, den ich liebe und mit dem es mir gutgeht. Es mag vieles an ihm reizvoller sein, weil er einem anderen Kulturkreis entstammt. Und wir können bestimmt viel voneinander lernen. Aber der Abdu ist lieb, weil er ein lieber Mensch ist und nicht, weil er ein Berber ist oder Marokkaner. Sicher gibt es auch liebe österreichische Männer.«*
Sie hat nur nie einen wie Abdu getroffen. □

»Der Ägypter denkt nicht in erster Linie an sich.«

WOLFGANG HÖLBLING UND DIE ÄGYPTERIN MONA HÖLBLING

1979 hatte der österreichische Maler Wolfgang Hölbling eher unerwartet ein Stipendium nach Ägypten bekommen, das allerdings nicht mehr so recht in seine damaligen Pläne hineinpaßte. Er war gerade aus Amerika zurück und trug sich mit dem Gedanken, seine Zelte in Wien abzubrechen und nach New York zu übersiedeln. Für einen Maler eine traumhafte Perspektive. Doch dann war dieses Vier-Monats-Stipendium für Ägypten dazwischengekommen, das anzunehmen ihm frühere Stipendiaten zurieten: *»Nimm das als Urlaub, arbeiten wird in der Hitze ohnehin nicht möglich sein.«*

Wider Erwarten fand Wolfgang in Kairo gute Arbeitsvoraussetzungen vor. Er konnte in der Wohnung eines befreundeten Archäologen wohnen. Das Resultat: Aus dem nicht gerade begeistert aufgenommenen viermonatigen Aufenthalt sind letztlich zwei wundervolle Jahre geworden. Wundervoll vor allem, weil er dort seine Frau Mona gefunden hat.

Zuerst lernte Wolfgang Monas Bruder kennen, der ihn öfters mit nach Hause nahm. Da kam es zur ersten Begegnung mit Mona. Wolfgang Hölbling weiß noch: *»Sie hat mich sofort interessiert.«*

Mona sieht blendend aus. Sie kann mit jeder Filmschau-

spielerin mithalten. Sie ist groß, hat glänzende schwarze Haare und ein äußerst attraktives Gesicht. Kein Wunder, daß die Wahl des ebenfalls sehr großen, blonden Österreichers auf dieses schöne ägyptische Mädchen fiel.
Nachdem Wolfgang inzwischen sehr oft in Ägypten war und zweifellos sehr viele der sprichwörtlich schönen Ägypterinnen zu Gesicht bekommen hat, kann er mit Bestimmtheit sagen: »*Mona ist auch für ägyptische Verhältnisse außergewöhnlich schön.*«
Jedenfalls war es für ihn schlicht und einfach »*ein aufregendes Zusammentreffen.*« An eine Heirat zu denken erschien aber fast ausgeschlossen.
Monas Eltern sind Teil einer weitverzweigten islamischen Großfamilie, in der Religion, Tradition und Sitte aufs natürlichste gewahrt werden. Bis zu Monas Eheschließung war es in Monas Familie üblich gewesen, daß nur Verwandte untereinander heirateten. Dem Brauch entsprechend, hatte Monas Vater ihr schon des öfteren Ehekandidaten vorgestellt, doch für Mona war noch nicht der richtige dabeigewesen. Wenn auch der Vater über die Ablehnung der Tochter jedesmal wütend war, so hatte er doch kein Recht, sie zu einer Entscheidung zu zwingen. In der Hauptstadt Kairo hat dieses alte patriarchalische Vorrecht (besser: die Pflicht) des Vaters, das in den ländlichen Gebieten Ägyptens noch seine Gültigkeit hat, etwas an Wirksamkeit verloren. Mona, die als Sekretärin in einer Firma arbeitete, dachte jedoch nicht ans Heiraten. Sie wollte sich Zeit lassen. Fest stand nur, daß ihr Ehemann einmal ein Ägypter sein würde. Mona hat nie daran gedacht, einen Ausländer zu heiraten.
Schon gar keinen Europäer!
Der durchschnittliche Ägypter ist ein freundlicher, friedlicher Mensch – von der radikalen Minderheit der fanatisierten religiösen Fundamentalisten einmal abgesehen. Er läßt die durch sein Land marschierenden Fremden

freundlich gewähren, auch wenn deren freizügige Aufmachung – Shorts, Miniröcke, T-Shirts – den sittsamen Bekleidungsvorschriften nicht im entferntesten entspricht. Die Europäerinnen haben nie darüber nachgedacht, wie provokant sie mit ihrer Strandbekleidung in den Straßen wirken; selbst im Fastenmonat Ramadan nehmen sie auf religiöse Gefühle keine Rücksicht. Der Ägypter braucht das Geld, das die europäischen Touristen ins Land bringen – bewundern kann er sie jedoch nicht.

Von Europa hat die Mehrzahl der Ägypter Vorstellungen, wie sie ihnen von – amerikanischen – Fernsehserien wie »Dallas« ins Land gespielt werden: aufgedonnerte Frauen, alkoholergebene Männer, Unmoral, Untreue, Unverläßlichkeit. Man täuscht sich, wenn man davon ausgeht, daß für eine Ägypterin die Heirat mit einem Europäer als besondere Chance, gar als großes Los gilt. Im Gegenteil. Eine Frau, die einen Europäer heiratet, wird eher bedauert. Es herrscht die Ansicht, daß sie etwas ersatzlos aufgibt.

So fand Mona den Freund ihres Bruders nicht nur höflich und nett, sondern auch ganz anders, als sie es von einem Europäer erwartete. *»Er war nicht frech, achtete meinen Vater und meine Mutter, hat nie etwas getan, was unseren Stolz verletzt. Unsere Tradition gefiel ihm, und er respektierte sie«,* weiß sie sich noch gut zu erinnern. Wolfgang Hölbling hielt sich mit großem Feingefühl an die in Ägypten herrschenden, sehr formalen Anstandsregeln. Mona schätzte dieses Taktgefühl an ihm. Und nicht nur sie. Mona: *»Sein gutes Benehmen hat auch meiner Familie sehr gefallen.«*

Der Traumschwiegersohn war Wolfgang Hölbling deshalb noch lange nicht. Wolfgang verstand, warum: *»Die Ägypter lassen die Europäer Europäer sein, eine Verbindung herzustellen ist für die meisten unvorstellbar. Ich bekomme immer noch häufig mit, daß Mona von den Ägyptern scheel angesehen wird, weil sie einen Ausländer geheiratet hat. Nicht nur von der Familie, sondern auch von Fremden in einem*

Geschäft oder vom Taxifahrer – unterschwellig schwingt immer der Vorwurf mit: Warum muß ihr Mann ein Ausländer sein? Sind die Ägypter nicht gut genug?«

Als Gast des Bruders war Wolfgang sofort akzeptiert. Er denkt gerne an diese aufregende Zeit: »*Wenn ich einmal ein oder zwei Tage nicht gekommen bin, dann war der Vater bereits unruhig. Denn er hat sich sehr für die Erzählungen über meine Heimat interessiert. Und ich habe zu meiner Verwunderung auch gerne davon erzählt. In der Hitze Ägyptens erinnert man sich eben voll Liebe an kalte Gebirgsbäche und kühle Wälder.«*

Auch Wolfgang lernte viel dazu. Denn er hatte in der Schule zwar von Pharaonen und Pyramiden gelernt, vom heutigen Ägypten wußte er aber fast überhaupt nichts. Er hatte versucht, sich ein bißchen einzulesen und zu informieren, doch nur lückenhaft. »*Wie eben die meisten Europäer, die in ein islamisches Land fahren, hatte auch ich keinen blassen Schimmer.«*

Allmählich aber fand er Geschmack an seiner neuen Umgebung. Es ist zwar schwer, einem Europäer sein neues Lebensgefühl begreiflich zu machen, doch er versucht es: *»Es hat mir nicht nur Monas Familienleben gefallen, nach und nach hat mich das ganze Land zu faszinieren begonnen. Die Stadt, die Menschen. Man bekommt so unglaublich viel Gefühl und Herzlichkeit übermittelt. Es läßt sich nicht beschreiben, das ist etwas, das ich in Europa nie erlebt habe. Ganz einfache Menschen strahlen eine innere Ruhe, Ausgeglichenheit und Zufriedenheit aus. Ich bin sehr empfänglich für diesen Gefühlsreichtum. Aber nicht nur ich, auch andere bestätigen mir dieses Feedback von Wärme und Freundlichkeit. Ich bin überzeugt, daß dies von der Religion ausgeht, von diesem vollkommenen Ausgeglichensein mit Gott. Das ist die Grundstimmung, die man in Ägypten in einem hohen Maße erlebt. Die Menschen leben in Harmonie mit ihrer Religion und auch mit ihren Mitmenschen. Diese Ausstrahlung fasziniert und überzeugt mich.«*

Noch in Ägypten trat Wolfgang Hölbling zum Islam über: »*Viele Fragen und Zweifel, die ich immer mit mir herumgeschleppt habe, wurden im Islam beantwortet. Immer mehr Dinge klären sich.*« Seit seiner Konversion trägt er einen zweiten Vornamen: Omar.

Im zweiten Jahr seines Aufenthaltes hielt Wolfgang um die Hand Monas an. Ihre Eltern waren eher entsetzt als erfreut. Mona wird die stürmischen Tage nie vergessen: »*Es war sicher nicht leicht. Mein Vater war anfangs ganz und gar dagegen. Obwohl er Wolfgang persönlich sehr gern gehabt hat, lehnte er ihn als meinen Ehemann strikt ab. Doch während sich mein Vater schließlich doch noch überreden ließ, war meine Wahl für meine Mutter völlig unverständlich. Sie konnte überhaupt nicht fassen, warum ich, statt mit einem wohlhabenden Ägypter in Kairo zu leben, mit einem europäischen Maler ins Ausland gehen wollte.*«

Monas Entschluß aber stand fest: »*Wolfgang war in dem Moment, wo ich beschlossen hatte, ihn zu heiraten, für mich nicht mehr der Bürger irgendeines Landes, er war einfach der Mensch, mit dem ich leben wollte.*«

Sechs Jahre sollte Wolfgang Hölbling auf Mona warten müssen. Erst 1981 durften sie heiraten. Heute leben Mona und Wolfgang Omar Hölbling mit einem sechsjährigen Mädchen und einem vierjährigen Jungen hauptsächlich in Wien, holen sich aber beide immer wieder Kraft bei den Menschen in Ägypten.

Sowohl Mona als auch Wolfgang spüren den Unterschied der völlig konträren Lebensweisen in beiden Ländern.

Wolfgang: »*Auffallendes Charakteristikum vieler Österreicher ist: Sie sind nicht nur hektisch, sondern auch ständig unzufrieden.*«

Wolfgang sieht durchaus ein, daß seine europäischen Mitmenschen auf den Fortschritt, auf die Errungenschaften der Technik, der Medizin und auf den Lebensstandard im Westen stolz sein können, der ja auch in dieser Unruhe, diesem Forschungsdrang fußt. Aber er fragt sich auch: »*Ist das immer noch schnellere Tempo und der immer noch größere Wohlstand wirklich der Maßstab für das Menschsein?*« Der Preis – der Verlust der Zufriedenheit – erscheint ihm zu hoch.

Mona stimmt mit Wolfgang überein: »*Ja, ich vermisse die innere Ruhe. Ich kann mir nicht vorstellen, daß ich ein ganzes Jahr in Österreich verbringe, ohne mir diese inneren Kräfte aus Ägypten zu holen. Damit kann ich dann auch Unangenehmes ertragen, kann es akzeptieren, mit offenem Herzen und ohne zu klagen.*«

Wolfgang: »*Bei uns wird diese Einstellung schlechthin mit Fatalismus oder Kismet abgetan, daß man sich gottergeben mit dem Schicksal abfinden muß. Aber so einfach läßt sich das nicht beschreiben. In dieser Geisteshaltung spiegelt sich die Tiefe und die Komplexheit des Glaubens im Alltag, denn es gibt keine Trennung zwischen Religion und Leben, das ist eine Einheit. Wir sagen ›Gott sei Dank‹ – im Arabischen heißt das ›Hamdu-allah‹. Bei uns ist das nur eine Floskel, in Ägypten wird das wirklich dem Sinn entsprechend verwendet. Dieses Hamdu-allah hört man in Situationen, wo ein Europäer jammern, fluchen, schimpfen würde. Etwa wenn ihm was gestohlen wurde, wenn er sich verletzt, wenn ihm jemand ins Auto kracht. Dann sagt der Ägypter ›Gott sei Dank ist nichts Schlimmeres passiert!‹. Das ist eine positive Kraft, die diese Menschen auszeichnet. Wenn man das Glück hat, solche Menschen zu treffen, dann hat man das Gefühl, seine Batterien aufladen zu können. Ihre Ruhe überträgt sich, das ist wie ein Durchatmen. Ich profitiere unglaublich viel davon. Ich weiß nicht, wie es funktioniert, und ich weiß nicht, was es ist, aber was immer diese Menschen haben, können sie auch nach außen vermitteln.*«

Sehr viel nachgedacht hat Wolfgang Hölbling über den Unterschied zwischen einer österreichischen und einer ägyptischen Familie. Er hat sich gefragt, wieso bei uns das Leben der Generationen miteinander, unter einem Dach, vor vielleicht fünfzig Jahren noch möglich war, heu-

te aber – im Unterschied zu Ägypten – gar nicht mehr existiert. Der Mann war das Oberhaupt der Familie, sein Wort hat gegolten. Er hatte aber auch die Verantwortung zu tragen. Er war die Respektperson. Der Patriarch. Vielleicht auch der Pascha. In Ägypten gilt diese Ordnung noch heute. Ohne selbst diese Rolle der uneingeschränkten Respektperson anstreben zu wollen, bedauert Wolfgang Hölbling, daß diese Grundordnung in Europa zugunsten von Kleinfamilien, Singlehaushalten und Altersheimen auseinandergefallen ist. Er bedauert die Isolation und Einsamkeit, die in Europa Platz gegriffen haben.
Die Unterschiede beginnen schon beim Umgangston innerhalb der kleinen Familien. Für Mona ist die flotte Widerrede der Kinder und ihr offener Widerspruch den Eltern gegenüber in einer ägyptischen Familie undenkbar. Oftmals wundert sie sich: »*Wenn ich manchmal höre, in welchem Ton Kinder mit ihren Müttern reden! Die Kleineren sind die Stärkeren, die Mütter lassen ihnen alles durchgehen. Bei uns in Ägypten wäre das unmöglich. Völlig ausgeschlossen.*«
Wolfgang sieht dies ein wenig anders: »*In jüngeren ägyptischen Familien tanzen die Kinder den Eltern genauso auf der Nase herum wie in Europa. Es hat sich schon viel geändert.*«
Mona läßt dies nicht gelten: »*Aber sie beschimpfen sich nicht in dieser Art! Ich habe in Ägypten nie erlebt, daß ein Kind seinen Vater oder seine Mutter anfährt: ›Bist du blöd?‹*«
Wolfgang: »*Überhaupt dieses Vokabular, das ja bei uns bereits zur Hochsprache gehört. Ordinäre Schimpfwörter hört man ununterbrochen. Ganz egal ob Kino oder Burgtheater – vulgäres Schimpfen ist einfach gesellschaftsfähig. Ich möchte mit meinen Kindern diskutieren und auch hören, was sie zu sagen haben, möchte aber nicht, daß sie mich beschimpfen. Ich glaube aber sagen zu können, daß unsere beiden Kinder möglicherweise mehr Respekt vor uns haben, vor al-*

lem auch, weil meine Frau gutes Benehmen entsprechend forciert. Mona ist einfach viel strikter und läßt nicht alles durchgehen. Sie setzt gewisse Grenzen, die die Kinder nicht überschreiten dürfen.«

Mona Hölbling: »*Ich versuche auch, meinen Kindern die religiösen Werte mitzugeben, an die ich glaube. Ich werde sehen, ob das gelingt.«*

Wolfgang: »*Unsere Kinder sind noch klein, sechs und vier Jahre alt. Noch ist die Familie sehr dominant, die Einflüsse von außen kommen später, da wird man dann sehen, wie gut die Erziehung sich bewährt. Das wird man erst rückblickend wirklich beurteilen können. Aber das ist einer der Gründe, warum Mona natürlich unsere Kinder lieber in Kairo aufwachsen sehen würde.«*

Warum die Familie nicht in Kairo geblieben ist? Wo Mona es mit der religiösen Erziehung ihrer Kinder und dem familiären Beistand sicherlich einfacher gehabt hätte als in Österreich? Für Mona wäre dies ein Segen. Für sie ist das Leben mit zwei Kindern in Österreich, ohne die Hilfe und Wärme der Familie, schwieriger.

Mona: »*Für mich ist Ägypten angenehmer und bequemer, ich fühle nach diesen vielen Jahren in Österreich, daß ich die Menschen in meiner Heimat brauche und daß das Leben dort für mich und die Kinder einfacher wäre. In Ägypten gilt die Familie als das höchste Gut. Sie ist unzerstörbar. Sie gibt Ruhe, Wärme und Geborgenheit. Im allgemeinen bleiben die Kinder in der Nähe der Eltern. Und es gilt als Schande, wenn sich Kinder nicht um ihre alten Eltern kümmern.«*

So ist auch für Mona Familienzusammengehörigkeit der höchste Wert auf Erden: »*Wenn ich heirate, habe ich doch nicht mit meinen Eltern abgeschlossen. Ich lebe ja noch für meine Familie. Ich finde es schön, die Liebe meiner Mutter zu spüren.«*

Wolfgang gibt ihr recht: »*Diese europäische Abkapselung, dieses frühe Ausziehen der jungen Leute von zu Hause, dieses Loslösen von den Eltern ist schon sehr seltsam. Diese*

Rebellion, von der die Psychologen sagen, daß sie zur Pubertät gehört, mag es in Ägypten zwar auch geben, aber die Familie bleibt trotzdem zusammen. Es gibt Konflikte, es gibt auch Streit und Probleme, aber man bleibt zusammen. Ich weiß auch nicht, wie das funktioniert.«

Und alle Familienmitglieder nehmen ständig am Leben der anderen Anteil. Mona erzählt: »*Wenn eines der Kinder meiner Geschwister krank wird, kommen alle zu ihm auf Besuch: die Großmütter, die Großväter, die Tanten und Cousins, alle kommen, um zu sehen, wie es dem Kind geht. Auch wenn es nur eine Verkühlung ist. In Österreich könnte man eine Lungenentzündung haben, und niemand würde zu Besuch kommen. Wahrscheinlich haben die Österreicher Angst sich anzustecken. In Ägypten ist das anders. Da würde die Familie notfalls sogar im Krankenhaus wohnen.«*

Wolfgang, der Europäer, gibt zu, sich durch dieses Übermaß an Nähe mitunter eingeengt zu fühlen: »*Diese Liebe zu spüren ist wichtig, aber manchmal ist sie mir zuviel. Auch ich kann aus meiner Haut nicht heraus, und ich glaube, es geht Mona manchmal schon genauso. Sie hat da ein Stück vom europäischen Leben angenommen, das sie als angenehm empfindet: das gelegentliche Alleinsein und die Intimsphäre. In Ägypten ist es zum Beispiel gang und gäbe, jemandem unangemeldet einen Besuch abzustatten. Das ist so ein ungezwungenes Kommen und Gehen. Wir würden uns auch in Österreich öfter spontane Besuche wünschen. Aber auf der anderen Seite sind diese Überfälle auch einschränkend. Man hat ja oft etwas vor, dann kommt jemand auf Besuch und schmeißt damit alle deine Termine über den Haufen. Denn du mußt, auch wenn er überraschend kommt, für ihn zu Hause bleiben. Dazu ist in Europa einfach das Leben zu dicht mit Programmen und Terminen gefüllt.«*

Auch Mona hat, trotz grundsätzlicher Akzeptanz, bereits die Kehrseiten des ständigen kollektiven Beisammenseins entdeckt: »*Mich stört es manchmal auch, wenn ich wegge-*

hen will und jemand platzt herein. Ich würde demjenigen aber nie sagen, daß ich weggehen muß. Das wäre äußerst unhöflich, also bleibe ich zu Hause. Und wenn sie dann fragen, ob sie stören, würde ich das niemals zugeben. Das ist irgendwo eine übertriebene Höflichkeit, die mich stört. Aber es ist eben so: Ein Ägypter denkt nicht in erster Linie an sich. Und er hat immer Zeit, ich weiß auch nicht, warum.«
Wolfgang hat eine Erklärung für dieses Phänomen: »*Für einen Großteil der Ägypter stellt die Familie das ganze Kulturprogramm dar. Bei uns sagt man und meint es abschätzig gegenüber der Familie: Die Freunde kann man sich aussuchen, die Verwandten nicht. Freunde haben bei uns in Europa oft einen höheren Stellenwert als Geschwister. Man trifft doch eigentlich Freunde viel lieber als die eigenen Eltern und Tanten.«*
Mona fragt sich: »*Da muß in der Erziehung etwas falsch laufen! Es ist doch eine Schande, wenn ich mit meinem Bruder nicht so reden kann wie mit jemand anderem. Er besitzt für mich eine bevorzugte Stelle. Ich kann ihm alles sagen, was mich bewegt. Ich vermisse meinen Bruder sehr.«*
Wolfgang: »*Allein dieses Wort vermissen! In unserem Sprachgebrauch würde es niemandem einfallen, jemandem zu sagen: ›Du hast mir gefehlt.‹ Im Arabischen hört man es ununterbrochen. ›Ich hab' dich sehr vermißt.‹«* Aber man legt in Österreich nicht gerne die Karten auf den Tisch. Vielleicht aus Angst vor Nähe. Man darf sich hier keine Blößen geben, darf seine Gefühle nicht eingestehen, denn das gilt als Schwäche.«
Mona: »*Bei uns gilt das als Stärke!«*
Wolfgang: »*Bei uns wird der Verstand über alles gesetzt, die Vernunft, die Logik. Bei uns heißt es doch, folge nicht deinen Gefühlen, sei vernünftig, nur mit dem Kopf kommst du im Leben weiter. Du mußt raffiniert sein, clever. Die gute Beziehung zur eigenen Gefühlswelt fehlt einfach. Das heißt nicht, daß wir keine Gefühle haben, nein, wir müssen sie nur ununterbrochen verdrängen, verbiegen. Darum gibt es*

doch eine Vielzahl von Neurosen und seelischen Krankheiten. Wenn du jemandem sagst, daß er dir gefehlt hat, dann ist das im europäischen Raum das Eingeständnis eines Mangels, das Eingeständnis, daß du quasi allein nicht stark genug bist.«

Mona ist diese Auffassung absolut fremd: »*Wieso, ich lebe ja in dieser Welt nicht allein. Ich sehe darin keine Zeichen von Schwäche.«*

Gibt es noch andere Unterschiede zwischen Ägyptern und Österreichern, und wie ägyptisch ist Wolfgang schon geworden?

Mona: »*Gewiß ist Wolfgang anders als viele Österreicher, die ich getroffen habe. Ein Unterschied zu meinen Landsleuten besteht jedoch: Ein Ägypter würde zum Beispiel niemals zulassen, daß ein anderer Mann seiner Frau zu nahetritt. Nicht einmal, daß er ihr Komplimente macht, würde ein Ägypter einfach hinnehmen. Es verletzt sein Ehrgefühl. Es bedeutet, daß man dem Ehemann den Respekt schuldig bleibt.«*

Wolfgang Hölbling: »*Das sind die feinen Unterschiede, die oft Probleme im alltäglichen Leben mit sich bringen. Wenn jemand zu einer Österreicherin sagt: ›Bist du aber heute fesch!‹, dann faßt sie dies als Kompliment auf. Sie fühlt sich nicht belästigt. Eine islamisch geprägte Ägypterin empfindet diese Bemerkung als Frechheit. Gegen sie und ihren Ehemann.«*

Mona Hölbling: »*Man kokettiert nicht mit der Frau seines Freundes. So etwas ist schlechtes Benehmen. Es zeugt von Respektlosigkeit gegenüber dem Ehemann. Auch ein Freund muß höflich sein und darf sich keine Anzüglichkeiten erlauben.«*

Wolfgang: »*Auch wenn dabei hierzulande immer eine Art Witz mitschwingt, ein Augenzwinkern dabei ist, so ist dieses Spielchen doch auch hintergründig: Es wird gleichsam versucht, dem anderen die Frau auszuspannen. Es steckt immer ein Sich-Messen, ein Konkurrenzkampf dahinter.«*

Mona: »*Das ist einfach kein Benehmen. Am Anfang war ich*

sehr schockiert. Es macht mir keinen Spaß, nicht ein bißchen.«
Ist es in Österreich nicht überhaupt sehr beliebt, in Gesellschaft über jemanden zu spotten, scherzhaft auf bestimmte Schwächen und Schwachpunkte des anderen hinzuweisen und darüber seine Witze zu reißen?
In Ägypten werden Mängel oder Schwachstellen eines Menschen niemals Diskussionsthema, Angriffspunkt oder gar Anlaß für einen Witz sein, nur um die eigene Person in ein besseres Licht zu rücken.
Für Wolfgang Hölbling besteht ein bemerkenswerter Unterschied im Taktgefühl: »*Sich über einen anderen lustig zu machen ist in Europa an der Tagesordnung. Wir sind uns gar nicht bewußt, wie sehr man den Verspotteten damit treffen kann. Das ist eine große Unart des Europäers, vor allem des Österreichers. Es ist menschenunwürdig und menschenverachtend, einen anderen Menschen zur Zielscheibe seines Spottes zu machen. Und sei es auch nur eine Neckerei, eine abfällige Bemerkung nur um des Spaßes willen. Bei uns ist das gesellschaftsfähig. Es gehört zu einem Abend beim Heurigen richtig dazu. Das ist der sogenannte Wiener Schmäh, der immer auf Kosten anderer geht.«*
Das Spielchen geht sogar weiter. Zu den Spielregeln gehört auch dazu, als Verhöhnter schlagfertig auf diese Blamage zu reagieren. Wie abgebrüht, wie zynisch ist er? Wie wortgewandt pariert er? Wie geschickt verbirgt er die Veletzung seiner Gefühle hinter einem neuen Witzchen? Das ist das brutale Ritual. Ist einer auf den Mund gefallen, bleibt er das Opfer. So wird hier in Europa mit den Gefühlen anderer umgegangen.
Wolfgang Hölbling kennt die Macht dieser Rituale: »*Es geht ja über das Hickhack am Heurigentisch hinaus. Nicht nur im Freundeskreis ist man auf eine bestimmte Rolle festgelegt, sondern auch im geschäftlichen Leben. Es bleibt der ewige Kampf um die einmal erreichte Position. Erst Mona hat mir die Augen geöffnet. Ich habe erkannt, daß ich viele*

Dinge einfach mitgemacht habe, obwohl sie mich immer gestört haben, Dinge, die man zu übersehen gelernt hat, obwohl sie einem im tiefsten Inneren zuwider sind. Mona gewöhnte mir dieses Mittraben in der Masse ab.«
Wolfgangs Rat seither: »*Man sollte einen Schritt aus der Masse heraustreten und überlegen, ob das eigentlich das Leben ist, das man selber leben möchte. Dabei entdeckt man dann sehr viele kleine Schlechtigkeiten und Fehler an der eigenen Kultur, die einem, wäre man weiter mit dem Strom mitgeschwommen, gar nicht aufgefallen wären. Nur weil ich Österreich einige Zeit verlassen habe und eben auch auf die Unterschiede hingewiesen worden bin, weil wir darüber diskutiert haben, konnte ich die Fehler der eigenen Kultur auch klar sehen. Man sollte unbedingt einmal den Standpunkt eines Menschen aus einem anderen Kulturkreis einzunehmen, zu verstehen versuchen. Da merkt man dann schon, wie prätentiös alles ist im Westen. Die Österreicher sollten, anstatt vorgefaßte Meinungen zu übernehmen, sich selbst ein Bild machen und ihre Kultur nicht als die einzig richtige ansehen.«*
Wolfgang Hölbling zusammenfassend über seine Erfahrungen mit einer Frau aus einer anderen Kultur: »*Durch das Zusammenleben mit Mona ist mir ein Gefühlsreichtum vermittelt worden, wie ich ihn bis dahin vermißt habe – und in meinem Freundes- und Bekanntenkreis nach wie vor vermisse. Darum ist es eben auch für mich besonders wichtig, immer wieder nach Ägypten zu fahren und dort all das zu bekommen, was mir hier so fehlt. Ohne das ich früher auch gelebt habe, aber eben ohne zu wissen, daß es dies anderswo gibt.«*
Nach langem Überlegen ist der Maler zu folgendem Schluß gekommen: »*Ich glaube, sagen zu können, daß wir Europäer unehrlicher leben. Zu uns selbst und den Gefühlen anderer gegenüber. Nicht so, wie wir in unserem Innersten wollen, und so, wie wir im Grunde von anderen respektiert werden möchten. Möglicherweise hätte ich diesen*

ehrlichen Gefühlsreichtum mit einer Österreicherin nicht entwickeln können, der sich mir allein schon durch die Zeit, die ich in Ägypten gelebt habe, und durch das Zutun von Mona und ihrer Familie eröffnet hat. Ich hatte eben die Möglichkeit, die Dinge intensiver und anders kennenzulernen.«

Mona kann noch nicht schlüssig beantworten, ob es – abgesehen von der Liebe zu ihrem Mann – ein Vorteil für sie war, einen Österreicher geheiratet zu haben. »*Wenn ich einen Ägypter geheiratet hätte, dann wäre ich in Ägypten geblieben und es wäre so manches für mich leichter, etwa Religion und Kindererziehung. Ich versuche aber, den Weg zu finden, der der beste ist. Ich hab' mich ja mit der Zeit etwas verändert. Ich vermisse Österreich, wenn ich in Ägypten bin. Wien ist eine so ruhige, saubere und sichere Stadt. Die Kinder haben hier so viele Möglichkeiten der Entfaltung. Der Alltag ist leicht zu bewältigen. Hier ist alles geordneter und nicht so überlaufen. Dort drängen sich die Menschenmassen auf den Straßen, allerdings sind alle fröhlich und freundlich. Diese generelle Freundlichkeit geht mir hier ab.«* □

»Mischehen haben eine größere Chance, die Liebe zu retten.«

KURT MACH UND DIE AFRO-AMERIKANERIN OLIVE MOOREFIELD

»Olive Moorefield hat ganz Wien auf den Kopf gestellt. Sie war eine unbeschreibliche Sensation.« Um den jüngeren Erdenbewohnern das Phänomen der ersten schwarzen Musicalsängerin in Wien, Olive Moorefield, begreiflich zu machen, muß man Opernprofessor Marcel Prawy zitieren. Er hat die in Pittsburgh, im US-Bundesstaat Pennsylvania, geborene Bühnendiva 1953 nach Wien gebracht, wo sogar die Russen, die damals noch zu den Besetzern der österreichischen Hauptstadt zählten, vor Begeisterung rasten, wenn sie an der Volksoper sang. Experte Marcel Prawy kann es nicht anders als durch grenzenlose Bewunderung ausdrücken: *»Sie war bildhübsch, modern, hatte eine große Opernstimme und einen fabelhaften Vortrag. Ihr Repertoire reichte von alten amerikanischen Volksliedern bis zur neuen Musicalmusik. Sie hat Spirituals gesungen, daß einem das Herz stehen blieb. Ich habe so was in meinem Leben nie vorher und nie nachher gehört. Olive Moorefield war mit nichts vergleichbar.«*

Um die Sensation Olive Moorefield zu verstehen, muß man sich die Zeit unmittelbar vor ihren großen Triumphen vergegenwärtigen, das Wien der dumpfen Nachkriegsjahre, in denen es in der Kunst noch keine spürbaren Neuerungen gab. An der Volksoper wurden nur die bekannten

Operetten gespielt, für die das jüngere Publikum kaum Interesse zeigte. Da zog Marcel Prawy, eben erst aus der US-Emigration zurückgekehrt, im legendären Kosmos-Theater in der Siebensterngasse eine erste Wiener Showbühne auf, die den Hauch von Broadway verbreitete. Für seine Vorträge über amerikanische Geschichte, die er mit moderner Musik verbrämte, holte er immer wieder junge Talente aus New York. Darunter eines Tages auch die blutjunge Olive Moorefield, die bei einem offenen Vorsingen, das er in Manhattan in einem Hotelsaal veranstaltet hatte, in der Schlange gestanden war. Er war schon gemahnt worden, die Audition doch endlich zu beenden, doch er verlängerte, *»extra nur noch, um die kleine Negerin zu hören, die mit großen Augen einsam dastand«*. Die »kleine Negerin« erwies sich als große Stimme. Prawy war so berührt und hingerissen, daß er sie sofort nach Wien mitnahm. A star was born. Denn ab sofort stellte Olive Moorefield singend und tanzend ganz Wien auf den Kopf.
Ihr größter Triumph, der sie den Wiener Musicalfans unvergeßlich machte, war 1956 »Kiss me Kate« an der Volksoper. Sie war nicht die erste Schwarze, die in Wien gesungen hatte. Unmittelbar vor ihr hatte bereits ihre Freundin Leontyn Price in »Porgy and Bess« an der Wiener Volksoper Riesenerfolge gefeiert. Aber Olive Moorefield war die erste schwarze Sängerin, die Rollen von Weißen spielte!
So war Moorefield Bianca, die Schwester der Kate, also ein italienisches Mädchen aus Verona. Obwohl die Rolle sie eigentlich als die Bravere der beiden vorsah, interpretierte Moorefield ihren Part jazzig, wogegen die Rolle der widerspenstigen Kate, besetzt mit der von der Metropolitan Opera importierten Brenda Lewis, eher klassisch angelegt war. Das Publikum raste. Die Volksoper stand kopf. Diese *»absichtliche Fehlbesetzung«*, wie Prawy es ausdrückt, war *»ein unbeschreiblicher Erfolg«*.
Die Künstlerin Moorefield hat aber auch die Schattenseite der Publikumsbegeisterung zu spüren bekommen: den

Neid und die Mißgunst vieler Kollegen. *»Die Künstlerschaft war in zwei Lager gespalten, denn ›Kiss me Kate‹ war auch eine Bedrohung für die Operette. Heute würde es niemand mehr zugeben, aber manche Sänger waren total gegen das Musical. Viele haben das Haus verlassen, weil sie gemeint haben, die Bühne, auf der Stars wie Cebotari, Jan Kiepura und Maria Jeritza gearbeitet hatten, sei entweiht worden. Plötzlich tanzten Schwarze da oben einen Boogie-Woogie! Das war für viele ein sehr sehr großer Schock.«*
Doch dann folgte eine Sensation der anderen. In »Wonderful Town« von Leonard Bernstein spielte die schwarze Olive wieder die blonde, blauäugige Eileen. »Porgy and Bess« wurde ein überwältigender Erfolg. Sie war die Traumbesetzung für die erotische, verführerische Bess. »La Perichole«, »Aufstieg und Fall der Stadt Mahagonny«, »Annie get your gun« sowie zahlreiche Konzertauftritte, Gospelabende, Musicaltourneen, Filmaufnahmen, Opernauftritte folgten im gesamten deutschsprachigen Raum.
Warum Olive Moorefield auf dem Höhepunkt ihrer Karriere, im Vollbesitz ihrer Stimme, abgetreten ist, weiß niemand so recht. Auch Marcel Prawy sucht mühsam nach einer Erklärung: *»Olive Moorefield hat sich nie etwas aus ihrer Karriere gemacht. Im Grunde hat man sie zu allem erst überreden müssen. Sie war nicht ehrgeizig genug. Oder es hat ihr das entsprechende Management gefehlt. Im Jahr 1973 machte sie sang- und klanglos Schluß. Sie ist uns einfach abhanden gekommen.«*
Es war tatsächlich ein großer Verlust für Wien. Olive Moorefield sieht heute nüchternen Blicks auf die Zeit ihrer gigantischen Triumphe zurück: *»Während ich arbeitete, und jedesmal aufs neue hart arbeitete, waren mir die Lorbeeren nie bewußt.«* Erst als sie nicht mehr auf der Bühne stand, spürte sie, welch enormer Liebling des Publikums sie gewesen war, welches Maß an Begeisterung sie ausgelöst hatte: *»Erst in den siebziger Jahren, nachdem ich aufgehört hatte, spürte ich das Wohlwollen des Publikums*

wie eine Welle. Das hatte ich vorher überhaupt nicht bemerkt.«

Einen Bewunderer aus den Anfangstagen gibt es, der den sensationellen amerikanischen Gesangsstar nie übersehen hat: Universitätsprofessor Dr. Kurt Mach, Dermatologe mit Weltruf am Allgemeinen Krankenhaus in Wien, Autor zahlreicher Fachpublikationen. Er war damals als »kleiner Theaterarzt« häufiger Besucher der Volksoper und teilte die Begeisterung des Publikums: *»Ich kann mich erinnern, mit Leuten gesprochen zu haben, die sich die Vorstellungen nicht einmal, sondern fünf- oder sechsmal angesehen haben. Das tut man ja wirklich nur dann, wenn es etwas ganz Großartiges gibt.«* Für Kurt Mach war es alsbald mehr als nur Applaus, den er einer hinreißenden Künstlerin zollte. Für ihn verkörperte die sinnliche Sängerin und Tänzerin die Frau schlechthin. Sie wurde sein Schicksal. Er erinnert sich an die Welle, die ihn mit sich wegriß, noch genau: *»Meine Frau hat mich mit ihrer Art im Sturm erobert. Sie hat alle meine Bedenken derart über den Haufen geritten, daß in meinem Gefühlsleben außer ihr nichts anderes mehr übrigblieb.«*

Der stille Wiener Wissenschaftler und der temperamentvolle afro-amerikanische Musicalstar: Es war mehr als der Gegensatz von Schwarz und Weiß. Etwas Verschiedenartigeres als die beiden kann es – so zumindest glaubt man auf den ersten Blick – überhaupt nicht geben. Sie: schwarz, impulsiv, äußerst erotisierend. *»Mein Gott, ich bin halt sexy und hab' mir gedacht, Gott sei Dank. Das kommt aus meinem Inneren, und ich will es nicht unterdrücken, nur um jemandem einen Gefallen zu tun.«* Er: zurückhaltend, nobel, diszipliniert. Aufgewachsen als wohlbehütetes Einzelkind eines Großindustriellen, genoß Kurt Mach eine geradezu klassisch-bürgerliche Erziehung. Ein typischer Sohn aus gutem Hause, der zu Höherem erzogen und diszipliniert wurde. Denkbar ist, daß der gebildete Arzt für die viel freier aufgewachsene Künstlerin auch eine völlig neue Erfahrung war: »*Er war ein kultivierter, gutaussehender, großzügiger Herr mit gutem Benehmen. Er war liebenswürdig und nett.*« Und er war im bürgerlichen Österreich mit einer völlig anderen Vorstellung groß geworden, wie eine »Dame« zu sein hatte: zurückhaltend, still, abwartend, leise, unauffällig, zugeknöpft – langweilig.

Olive Moorefield war und ist das genaue Gegenteil davon. Sie beschreibt sich selbst: »*Ich war wahnsinnig stolz und sehr selbstbewußt. Ich bin nie leise und schüchtern in ein Zimmer gegangen. Nein. Es war immer ein Auftritt mit großer Geste: Seht her, ich bin eine Frau! Das hat nichts mit dem zu tun, was ich geleistet habe, sondern mit meinem Selbstverständnis als Frau. Ich finde es fantastisch, eine Frau zu sein, und ich bin sehr stolz darauf, feminin zu wirken und mich entsprechend anzuziehen. Für viele war das schwer zu verkraften, manche hielten es für arrogant, andere für männernärrisch, was weiß ich – nur nicht für das, was es war: als Frau gern eine Frau zu sein.*« Ein unterschiedlicheres Paar kann man sich nicht vorstellen. Kann so etwas gutgehen? Und wie! Seit 1966 sind die beiden verheiratet. Im Jahr 1970 kam Sohn Oliver Fidelio zur Welt, so benannt, weil in diesem Jahr Beethovens zweihundertster Geburtstag war, und Leonard Bernstein, Olive Moorefields besonderer Freund, diese einzige Oper des tauben Genies gerade in Wien dirigierte. Oliver Fidelio studiert heute an der Wiener Wirtschaftsuniversität.

Zum Zeitpunkt des Interviews im September 1994 bestand die Ehe also bereits an die 28 Jahre. Für heutige Verhältnisse eine sehr lange Zeit. Und was das Besondere daran ist: Olive Moorefield und Professor Kurt Mach gelten als äußerst glückliches, harmonisches Ehepaar. Von dem wir – gerade, was das Zusammenfinden zweier unterschiedlicher Kulturen betrifft – sehr viel lernen können. »*Schon das Zusammenleben von zwei so verschiedenen Geschöpfen wie Mann und Frau ist schwierig genug*«, beginnt

Professor Mach seine sorgfältige Analyse. »*Kommen auch noch andersartige kulturelle Prägungen dazu, wird es mitunter sehr heikel.*«
Professor Mach will kein Ratgeber in Ehefragen sein. Doch er hat sein Lebensrezept für sich und seine Frau gefunden. Ganz behutsam fängt er es zu entwickeln an und beginnt bei der einzig richtigen Geisteshaltung:
»*Wir haben uns als Menschen kennengelernt und die menschlichen Qualitäten des anderen geschätzt. Das war das Ausschlaggebende, das gemeinsame Interesse für Kultur, das zur gegenseitigen Bereicherung wurde. Die unterschiedliche Hautfarbe hat bei uns absolut keine Rolle gespielt.*«
In Österreich gibt es verschiedene Gruppierungen, die eine bestimmte Meinung haben, nicht nur über Schwarze, sondern über Ausländer ganz allgemein. Die Gastarbeiter aus dem Osten prallen ja gegen eine Mauer der Ablehnung, die unmenschlich und grausam ist. Dasselbe gilt auch für Religionsgemeinschaften. Denken wir nur an den Antisemitismus, der in ganz Europa Platz gegriffen hat.
Kurt Mach: »*Solche Gruppen hat es immer gegeben, und leider Gottes ist anzunehmen, daß es sie immer wieder geben wird. Nur haben wir solchen Gruppierungen nie angehört, und wir lehnen jeglichen Radikalismus gegenüber Menschen anderer Herkunft, Religion oder politischen Einstellung strikt ab. Wir sind der Meinung, daß man einen Menschen nach seinen menschlichen und sozialen Qualitäten beurteilen muß. Das ist wesentlich.*«
Olive Moorefield hat eine noch unnachgiebigere Einstellung. Ihr ist allein schon das Wort Toleranz suspekt: »*Ich hasse das Wort Toleranz. Es bedeutet, ich bin heute braun, und wenn Sie ein bißchen warten, bin ich morgen vielleicht weiß, dann werden wir uns verstehen. Toleranz in dem Sinn heißt: Dulde mich ein bißchen, bis ich soweit bin. Tolerant! Wenn ich das Wort schon höre! Es hat nichts mit der Seele, nichts mit Liebe zu tun. Wenn ich an diese Immigrationsbewegung denke, wenn ein Ausländer an die Tür klopft und*

sagt, er braucht Arbeit. Und wenn man ihn fragt, was er in der Stunde bekommt, und er sagt dreißig Schilling, dann ist Toleranz nichts anderes, als jemanden für dreißig Schilling arbeiten zu lassen, auch wenn die Österreicher für die gleiche Arbeit hundertzwanzig Schilling bekommen würden.«
Moorefields Glaubensbekenntnis: »*Wir müssen teilen statt tolerieren. Das, was wir sind und was wir haben, mit einem anderen zu teilen – das macht unser Leben interessant. Wir fahren zum Beispiel nach Amerika, und ich sage zu Kurt: ›Ich zeige dir Pittsburgh.‹ Damit zeige ich ihm einen Teil von mir, und er nimmt das auf, und es wird ein Teil von ihm.«*
Kurt Mach: »*Ja, ebenso wenn ich Olive mitnehme nach Florenz oder nach Siena und ihr die Schönheiten der Toskana zeige, die Schönheiten der Landschaft und der Architektur, und wir jedes Bild aufsaugen.«*
Olive Moorefield: »*Ja, das ist ein echter Austausch.«*
Kurt Mach: »*In Pittsburgh, der Stadt, in der meine Frau geboren ist, die sie seit ihrer Kindheit kennt und die sie mir gezeigt hat mit ihren Menschen, ihren Freunden, ihrer Familie, war alles total anders als in meiner Kindheit und meiner Familie. Ich bin sehr sehr streng erzogen worden. Meine Eltern waren wohlhabend, ich war wohlbehütet und eher isoliert. Ich bin geborener Wiener, aber mein Vater war Industrieller im Königreich Jugoslawien, und dadurch war ich natürlich sehr sehr viel in Jugoslawien und bin dort zur Schule gegangen. Mit Amerika war ich absolut nicht vertraut. Erst lange nach dem Zweiten Weltkrieg war es möglich geworden, die Welt außerhalb meiner Heimat kennenzulernen. Aber schon die Theatergruppe um Olive Moorefield bestand ja fast ausschließlich aus Amerikanern. Schon im damaligen Ensemble arbeiteten sehr viele hervorragende schwarze Sänger und Künstler, die ich kennengelernt habe, bevor ich zum erstenmal nach Amerika kam. Und da bemerkte ich plötzlich etwas, was mir gänzlich neu war: Die Offenheit und Ehrlichkeit dieser Menschen, die man eigent-*

lich von den Österreichern nicht gewöhnt war, hat mich überrascht.«
Olive Moorefield: »*Jede Art, Emotion zu zeigen, war in Österreich damals fremd.«*
Kurt Mach: »*Das ist richtig. Dabei ist es faszinierend und völlig natürlich, wenn man seinen Gefühlen freien Lauf läßt und einem Partner auch sein Innerstes preisgibt. Das war für einen konservativen Mitteleuropäer wie mich verblüffend, weil ich es bis dahin nicht gewohnt war. Und so habe ich sicherlich durch die Ehe mit Olive meinen Horizont hinsichtlich Menschenkenntnis und Erfahrung erweitert. Ich zeige auch mehr meine Gefühle als früher, obwohl niemand ganz aus seiner Haut herausschlüpfen kann.«*
Olive Moorefield: »*Ich glaube, es ist vor allem der Humor. Kurt hat sehr viel Humor. Wir leben davon.«*
Kurt Mach: »*Auch das hat sich erst entwickelt. Humor ist wie ein Saatkorn, das aufgeht. Aber der Partner muß den Humor verstehen und genießen, sonst verkümmert diese Saat. So ist aber durch meine Frau etwas sehr Fröhliches in mein Leben gekommen. Dafür bin ich dankbar.«*
Genauso wie Professor Mach in jungen Jahren nie daran gedacht hätte, eine schwarze Amerikanerin zu heiraten, war auch Olive Moorefield weit davon entfernt, von einer Verbindung mit einem Österreicher zu träumen.
Drei Dinge würde sie niemals tun, hat sie zu Beginn ihres Aufenthaltes in Wien erklärt: einen Österreicher heiraten, in Österreich leben und am Wiener Schwarzenbergplatz wohnen. Warum?
Die Begründung gibt Olive Moorefield selbst: »*Einer der Musikstudenten, mit denen ich immer zusammen war, hat sich wahrscheinlich in mich verliebt, und ich war mit ihm zum Mittagessen bei seiner Mutter. Am nächsten Tag saßen wir wieder alle an unserem Stammtisch, er kam dazu und rief mich zur Seite, um mir zu sagen, daß ich ab jetzt nicht mehr mit den anderen beisammensitzen darf. Das verbiete seine Ehre, schließlich gehöre ich jetzt zu ihm. Ich dachte,*

ich hör' nicht recht, er ist verrückt geworden. Sie müssen verstehen, ich kam aus dem College, wo man mit zehn verschiedenen jungen Männern ausgegangen ist, das hat nicht bedeutet, daß man mit ihnen ins Bett gegangen ist, weit davon entfernt, ebenso wie bei den Österreichern, die ich damals hier kennengelernt habe. Aber ich hatte das Gefühl, die Österreicher tun alles, was Mutti oder Vati sagen.
Zweitens: Den Schwarzenbergplatz wollte ich absolut nicht wegen dieses entsetzlichen Russendenkmals.
Und drittens war Österreich für mich beruflich so wahnsinnig klein, deshalb wollte ich hier nicht leben. Es war nicht wie New York, London oder München, es war nicht offen, es war total abgeschlossen.«
Müßig zu sagen, daß es genauso kam, wie sie es nicht gewollt hatte: Sie blieb in Österreich und heiratete einen Wiener. Denn siehe da, *»er war intelligent, großzügig und liebenswürdig«* (Olive Moorefield). Und sie wohnt nun schon – wenn sie nicht gerade in Venedig oder auf Barbados ist – seit Jahren auf dem Schwarzenbergplatz.
Sehr viel haben die beiden in all den Jahren über das Rezept einer guten Ehe nachgedacht. Zuerst der Befund von Professor Mach: »*Sobald zwei oder mehr Menschen zusammenkommen, gibt es mehrere Meinungen, die nicht immer gleich sind und nicht gleich sein können. Um eine partnerschaftliche Beziehung einzugehen, muß in jedem Fall ein Minimum an Bereitschaft für Verständnis und Kompromisse vorhanden sein. Wenn man nun einen Menschen aus einem anderen Kulturkreis heiratet, braucht es noch ein bißchen mehr davon, andernfalls ist diese Ehe sehr gefährdet. Schon aus dem einfachen Grund, weil man den Partner nicht versteht oder selbst nicht bereit ist, auf die seelischen, oftmals sehr fremden Bedürfnisse des Partners einzugehen. Wenn andererseits der Partner zu der Erkenntnis kommt, daß er in der Anpassung seine Persönlichkeit aufgeben muß, dann ist das auch der Punkt, wo die Ehe auseinandergeht.«*
Olive Moorefield: »*So sehr vor allem in den ersten Jahren*

einer Ehe diese unterschiedlichen kulturellen Anschauungen und Prägungen bereichern und faszinieren können – sie können eine solche Ehe auch sehr erschweren. Gerade die Tatsache, daß alles verbalisiert werden muß, alle Gefühle, alle Gedanken, alle Unterschiede der Meinungen lange diskutiert und erläutert werden müssen, um sie dem anderen begreiflich zu machen, um selbst zu verstehen, ob Verletzungen wirklich böse gemeint waren oder nur vor dem Hintergrund der unterschiedlichen Erziehung erfolgten – das macht diese Ehen mühsam und manchmal ermüdend.«

Das ist vielleicht der wesentlichste Unterschied zwischen einer »normalen« und einer Mischehe: Wenn eine Österreicherin einen Österreicher heiratet, dann fühlen sich beide gleich. Auch die Mutter, die Schwiegermutter, die Schwägerinnen und alle Verwandten sind gleich. Da muß nichts besprochen werden. Alles liegt auf der Hand.

Unterschiedliches braucht nicht diskutiert zu werden, weil man davon ausgeht, daß es gar nichts Unterschiedliches gibt. Bis sich in den Ehen, die sich sprachlos harmonisch fühlen, dieses Fehlen von Verbalisation, dieses Nicht-miteinander-Aussprechen schließlich als großer Irrtum herausstellt. Dann kann die Ehe allerdings längst kaputt sein. Denn auch zwischen Österreichern gibt es natürlich jede Menge Unterschiede.

Professor Mach: *»Jede zwischenmenschliche Beziehung, insbesondere die Ehe, ist ein aktiver Prozeß, der auch immer aktiv bleiben muß. Egal, ob zwischen Österreichern oder nicht, es muß immer ein aktives Bemühen von beiden Seiten sein: allein schon das Miteinanderreden bringt die Menschen ja einander näher, seelisch näher. Man erklärt sich, versucht, sich begreiflich zu machen. Besonders Verletzungen müssen dem Partner bewußt gemacht werden. Nur so kann der andere sie überhaupt erkennen und entscheiden, wie er mit dem Bewußtsein, seinen Partner verletzt zu haben, umgeht. Je öfter solche Aussprachen stattfinden, desto näher kommt einem der andere Mensch. Und das ist selbstverständlich eine Bereicherung.«*

Olive Moorefield: »*Freilich ist dieses viele Erklären oft mühsam, oft beschwerlich. Aber: Es gibt keine andere Möglichkeit, einen Menschen zu erreichen, als durch Kommunikation. Und ich bin überzeugt: Das Miteinanderreden ist wie ein Rettungsring und eine Frage der Liebe: denn was ich liebe, das will ich halten und retten. Doch viele Menschen, die sich zwar lieben, aber das Kommunizieren vernachlässigt haben, wissen das nicht oder haben gemeint, es gibt keine Unterschiede zwischen ihnen und ihrem Partner, über die sie reden müßten. Das stimmt aber nicht. Nichts ist von Anfang an klar. Tausend Unterschiede trennen uns. Nur, daß die Ehepartner, die aus anderen Kulturen kommen, von vornherein davon ausgehen, daß sie ihre Unterschiede in Tausenden Diskussionen erst abbauen und adaptieren müssen.*
Die Liebe ist etwas so Lebendiges, daß man sie hegen und pflegen muß. Wenn man dazu nicht bereit ist, dann stirbt sie. Vielleicht haben die Mischehen sogar eine größere Chance, ihre Liebe auf Dauer zu retten.« □

»Jeder sollte die Enge seiner kulturellen Prägung verlassen.«

TANJA G. UND DER CHINESE LEI WEN

Tanja G., 27, ist Studentin der Sinologie in Wien in höherem Semester. Sie schreibt an ihrer Magisterarbeit. Ihre Eltern sind Österreicher, haben aber lange Zeit in Holland gelebt, so daß Tanja, weil in Holland geboren und aufgewachsen, sich für keine »typische« Österreicherin hält.
Lei Wen, 28, ist Student der Wirtschaftsinformatik an der Universität Wien. Er ist in Peking geboren, kam aber 1987 nach Wien, wo sein Vater als Direktor bei den Vereinten Nationen arbeitete.
Als Tanja und Lei Wen einander 1988 bei einem Institutsfest in der Universität kennenlernten, mußten sie in ihrer Beziehung buchstäblich bei Null anfangen: Sie konnten sich nicht einmal richtig verständigen.
Tanja erzählt: *»Ich war im sechsten Semester meines Sprachstudiums, als wir einander kennenlernten. Ich konnte kaum Chinesisch, und er konnte noch nicht so gut Deutsch – das war 1988. Aber es hat bei uns sofort gefunkt. Er hat mir auf den ersten Blick gut gefallen: die schwarzen, glatten Haare, das runde Gesicht, das mir besser gefällt als ein europäisches. Irgendwie ist Lei Wen für mich das Ideal von einem Mann. Chinesische Männer sind nicht das, was wir uns unter Machotypen vorstellen. Er war – zumindest anfangs – sanft und schüchtern.«*

Lei Wen: »*Ich bin noch immer schüchtern, ich muß mit den Menschen ein paarmal Kontakt haben, ehe ich aus mir herausgehe. Aber dann bin ich gesellig. Im allgemeinen sind wir Chinesen zurückhaltend, andererseits aber doch von starker Durchsetzungskraft. Wir Chinesen wissen, was wir wollen.*«

Gefällt Lei Wen eine europäische Frau besser als eine chinesische?

Lei Wen: »*Was das Äußere betrifft, sind für mich sowohl die chinesischen als auch die europäischen Frauen schön. Man kann sie nicht vergleichen. Jede Nation hat ihre eigenen Schönheitsmerkmale. Ich mag es im allgemeinen nicht gern, wenn die Frau immer ein paar Schritte hinter mir geht, nur das sagt, was ich gerne höre, und ganz brav zu Hause sitzt. Ich möchte lieber ein bißchen diskutieren und streiten. Aber auch das hat nichts mit der Nationalität zu tun. Freunde von mir haben schon anklingen lassen, sie wollten mit chinesischen Frauen gar nicht mehr ausgehen, weil diese ziemlich prüde sind.*«

Tanja: »*Abgesehen vom Äußeren, das uns gegenseitig anzog, war unsere Beziehung am Anfang problematisch, weil wir uns nicht so besonders gut verständigen konnten. Aber dann haben wir beide mit Sprachunterricht angefangen. Wir haben gesagt, ich unterrichte ihn in Deutsch und er mich in Chinesisch – dazu ist es dann allerdings aus anderen Gründen nicht gekommen.*«

Wie kam Tanja G. überhaupt dazu, Sinologie zu studieren? Bestand da immer schon ein geheimes Interesse an China?

Tanja: »*Ich hab' zuerst nicht genau gewußt, was ich wollte, und mit dem Studium der Germanistik und Sprachwissenschaften angefangen. Dann traf ich eine negative Wahl: Französisch und Englisch wollte ich nicht, weil diese Studienrichtungen überlaufen sind. Zu Arabisch hab' ich keine Beziehung, auch nicht zu Japanisch. Also entschied ich mich für Chinesisch – aus purer Neugierde. So wie mir geht es übrigens den meisten Studenten der Sinologie. Es ist nicht so, daß die Leute ihr ganzes Leben von China geträumt haben und dieser Traum dann quasi im Sinologiestudium gipfelt. Es ist primär das Interesse an der Sprache für die Entscheidung zum Studium ausschlaggebend.«*

Und wie hat es Lei Wen nach Wien verschlagen?

Lei Wen: »*Ich habe das alles nicht geplant, es hat sich vielmehr ergeben, und zwar ziemlich plötzlich. Ich habe noch ein halbes Jahr, bevor ich nach Wien kam, nie den Wunsch gehegt, wirklich hierher zu kommen. Es geschah durch Zufall und durch jene unbestimmte Neugierde mancher Jugendlicher, die eben von zu Hause weggehen wollen.*

Ich kannte Wien nur von einem Videofilm: die UNO-City und eine Rundfahrt zu den Sehenswürdigkeiten. Naja, Wien ist in China bekannt für Mozart und Musik und vor allem ›Sissy‹ – das ist aber auch schon alles. In China kann man Austria und Australia kaum auseinanderhalten. Ich bin im Unterschied zu vielen Asiaten aber nicht wegen der Musik nach Wien gekommen und schon gar nicht, weil ich, wie so viele Chinesen, noch vor drei, vier Jahren vom ›Goldenen Westen‹ geschwärmt hätte. China war traditionell immer eine sehr geschlossene Gesellschaft, der Wunsch, sich in Nordamerika, Westeuropa oder Japan zu verbessern, war bei vielen Chinesen immer groß. Bei mir aber nicht. Ich kam wegen meiner Eltern, die schon vor mir hier wohnten. Jetzt bin ich seit 1987 hier, habe es nicht bereut, fühle mich seither in gewissem Sinn auch freier, weil ich sagen kann, was ich will, ohne auf irgendwelche Formalitäten Rücksicht nehmen zu müssen, die bei uns in China noch ziemlich wichtig sind. Ich habe Deutsch im Vorstudienlehrgang inskribiert und studiere jetzt Wirtschaftsinformatik.«

Zwar versteht Lei Wen jedes einzelne Wort der Professoren, aber es wird doch noch eine Weile dauern, bis er den Vorlesungen wirklich folgen kann.

Tanja: »*Das ist eben das Problem: Ich kann ihm bei seinem Studium eigentlich nicht helfen, denn von Wirtschaftsinfor-*

matik verstehe ich nichts, und es liegt mir auch nicht, weil ich mathematisch und wirtschaftlich überhaupt nicht begabt bin. Umgekehrt profitiere ich von Lei Wen sehr viel. Ich schreibe gerade meine Magisterarbeit, und ich frag' ihn dauernd nach irgendwelchen chinesischen Wörtern. Das ist ein Ungleichgewicht.«

Trotzdem sind die beiden jetzt mehr als fünf Jahre beisammen. War es bei Tanja schon von jeher ein Vorsatz, nicht mit einem Österreicher zusammenleben zu wollen, sondern mit einem Chinesen? War da schon immer eine versteckte Absicht, ein Wunsch, die Neugierde?

Tanja: *»Erst jetzt, im nachhinein, kann ich sagen, daß es klar ist, warum ich nicht mit einem Österreicher zusammengekommen bin: weil ich mit so typischen Landsleuten ohnehin nie besonders guten Kontakt gehabt habe. Ich verstehe mich mit Menschen besser, die einen internationalen Hintergrund haben, die mehr Geduld aufbringen für eine andere Geisteshaltung, andere Kulturen. Rückblickend ist mir bewußt geworden, daß es für mich ein logischer Schritt war, eine Beziehung mit jemandem aus einem anderen Kulturkreis einzugehen. Weil mich Unbekanntes mehr interessiert als Gewohntes, auch wenn das Unbekannte vielleicht manchmal anstrengender ist.«*

Lei Wen: *»Das ist bei mir genauso, daß mich Neues mehr interessiert als Gewohntes.«*

Tanja: *»Was man sich gemeinsam erarbeitet, ist aber auch mehr wert, bildet eine solidere Basis. Mit jemandem aus meiner Kultur sind die Gemeinsamkeiten zufällig, man denkt darüber gar nicht mehr ernsthaft nach.«*

Selbst um den Preis, dann vielleicht zu zweit allein zu sein, weil die Eltern auf beiden Seiten nicht so richtig mitmachen?

Tanja: *»Das ist doch auch etwas Verbindendes: Gerade weil wir von unseren Mitmenschen nicht immer vollkommenen Rückhalt bekommen, fühlen wir uns noch stärker miteinander verbunden. Es war nämlich gerade die feindliche Um-*

gebung – zumindest haben wir sie als feindlich erlebt – die uns noch mehr zusammengeschweißt hat. Als Lei Wen eine Zeitlang hier gewohnt hat, war das für mich wegen meiner Eltern und Großeltern nicht gerade einfach. Deshalb haben wir um so mehr zusammengehalten. Umgekehrt war auch die Zeit, in der wir zusammen in China gelebt haben, nicht gerade einfach. Auch dort war die Umwelt verständnislos.«

War und ist es für Tanjas Eltern ein Problem, daß sie mit einem Nicht-Österreicher zusammen ist?

Tanja: »*Für meinen Vater vor allem. Obwohl er selbst es war, der mir den Rat gab, doch Chinesisch zu studieren. Natürlich haben meine Eltern bestimmte Vorstellungen, wie der ideale Mann oder Freund ihrer Tochter sein müßte. Aber sie wissen auch, daß diese Wunschvorstellungen unrealistisch sind und jeder seine eigenen Erfahrungen machen muß. Mein Vater würde sich zum Beispiel einen Schwiegersohn wünschen, der ihm in der Diskussion ebenbürtig ist, mit dem er quasi auf derselben Wellenlänge liegt. Leider haben er und Lei Wen noch keine gemeinsame Kommunikationsbasis gefunden, teils wegen der kulturellen Unterschiede, teils wegen der Sprachschwierigkeiten und sicher auch wegen charakterlicher Verschiedenheiten. Und auch meine Mutter hat ihre Schwierigkeiten mit meiner Partnerschaft, vor allem, weil sie die Angst hat, ich werde einmal nach China übersiedeln. Das hat sie mir oft gesagt.*«

Tanjas Eltern waren aber doch selbst in Holland, um dort zu arbeiten, hat sie das nicht aufgeschlossener gemacht?

Tanja: »*Das war in den sechziger Jahren, weil sie dort bessere Arbeit gefunden haben, und natürlich sind sie genauso wie wir gewesen, sie wollten sich auch von der Familie freimachen. Sie haben dort eine tolle Existenz aufgebaut, sich ein eigenes Haus mieten können, was in Wien damals alles nicht möglich war.*

Trotzdem hätten sie sicher Schwierigkeiten mit einem ausländischen Schwiegersohn, aber daß meine Eltern ihn dis-

kriminieren, daß sie sagen würden: ›Nein, den mag ich nicht, weil das ein Araber oder ein Schwarzer ist‹, das kann ich mir nicht vorstellen.«
Und wenn es doch so wäre...?
Tanja: »*Nein, das glaub' ich nicht. Sie würden eingestehen, Schwierigkeiten zu haben, seine Kultur zu verstehen, aber wenn ihre Tochter glücklich ist, ist das die Hauptsache.«*
Haben Lei Wens Eltern dieselben Probleme mit Tanja?
Lei Wen: »*Meine Eltern haben bisher sehr wenig Kontakt mit Tanja gehabt. Für sie zählt vor allem, daß ich eine nette Frau habe, und wenn ich heirate, dann ist es für meine Eltern nur wichtig, daß sich die Frau um meine Familie kümmert. Meine Mutter soll aber auch schon zu ihren Bekannten gesagt haben, sie sähe es lieber, wenn ich eine Chinesin und keine Ausländerin heirate. Was sie wirklich denken, kann ich aber nicht sagen.«*
Tanja: »*Ich habe mich von Lei Wens Eltern bisher nicht abgelehnt gefühlt. Sie sind sehr weltgewandt, weil sie lange Zeit im Ausland waren. Mit traditionell in ihrer Heimat verwurzelten chinesischen Eltern hätte ich sicher viel mehr Schwierigkeiten.«*
Lei Wen: »*Für uns ist derzeit entscheidend, daß wir beide weder typisch österreichisch noch typisch chinesisch sind. Das heißt, daß das Internationale bei uns überwiegt. Achtzig Prozent unserer Freunde sind auch gemischte Paare. Was uns zusammenschweißt, ist das Gemeinsame unserer beiden Kulturen, das wir gegenseitig akzeptieren. Wenn mehr Menschen dieses Internationale suchen würden, das Eigene, das Neue, wäre das sehr schön. Das typisch Österreichische oder das typisch Chinesische interessiert uns dabei nicht. Das finden wir beide zu eng und daher zu dumm. Ich könnte zum Beispiel nicht mit einer typischen Wienerin zusammenleben. Das wäre wahrscheinlich eine Katastrophe.«*
Wie ist eine typische Wienerin?
Lei Wen: »*Ich glaube, einer typischen Wienerin fehlt das Interesse für das Fremde, sie macht sich nicht die Mühe oder*

hat Angst, es kennenzulernen. Sie macht zwar Urlaub im Ausland, aber dort liegt sie bloß am Strand und interessiert sich nicht für das Land. Ich stelle mir aber vor, daß es das Schönste ist, bekanntes, gewohntes Terrain zu verlassen und mit einem anderen Menschen etwas Neues, Gemeinsames zu erarbeiten.«

Das Programm der beiden ist es also, das Unterschiedliche und vermeintlich Typische ihrer Kulturen beiseite zu lassen und zu einer gemeinsamen Mitte zu gelangen. Nicht das, was am anderen anders ist, fasziniert sie, nicht die Ergänzung, sondern das, was sie gemeinsam aus der Verschiedenartigkeit erarbeiten.

Tanja: »*Obwohl uns das Trennende durchaus bewußt ist, weil wir auch viel darüber sprechen. Aber es kommt uns darauf an, wie wir es überwinden und wie wir damit umgehen. Nur so können wir das allzu Trennende allmählich abschütteln und zu etwas Eigenem kommen.*«

Lei Wen: »*Es kann aber auch vorkommen, daß ich etwas aus meiner Kultur, das ich stärker und besser finde, bewußt bewahren möchte. Zum Beispiel das Respektieren der Familie. Freilich, auch in China bleiben die jungen Leute nicht immer gerne bei ihren Eltern zu Hause. Vor zehn Jahren, als ich achtzehn war, wollte ich auch nicht viel mit meinen Eltern zusammensein und auf sie hören. Aber je älter ich werde, um so mehr Verantwortung spüre ich für sie.*«

Tanja: »*Ich darf Lei Wens Eltern nicht ignorieren. Ich muß versuchen, guten Kontakt mit ihnen zu halten, und muß sie respektieren. Ich darf sie nicht kritisieren. Ich habe mich ihnen auf einer bestimmten formalen Ebene zu nähern. Eltern und Familie sind in China sehr wichtig. Obwohl die Kulturrevolution und der Kommunismus in dieser Hinsicht sehr viel zerschlagen haben, sind doch noch einige Traditionen erhalten geblieben. Das ist vielleicht etwas, was man bei jungen Leuten in Österreich nicht so oft findet. Da will man eher nichts mehr mit den Eltern zu tun haben.*«

Lei Wen: »*Ich konnte zum Beispiel nicht verstehen, warum*

Tanjas Omi, bevor sie starb, allein in ihrer Wohnung lebte. Aus meiner Sicht hätte sie schon viel früher zu ihrer Tochter, zu Tanjas Mutter, ziehen müssen. Natürlich gibt es Probleme und Streit, wenn mehrere Generationen zusammen leben. Aber das gehört dazu. Und mein Gefühl sagt mir, einmal meine Eltern zu mir nehmen zu müssen. Ich bin der einzige Sohn.«

Tanja: »*Das zeigt einen wesentlichen Unterschied der Kulturen. Warum übersiedelte meine Großmutter im Alter nicht zu ihrer Tochter? Weil sie es vorzog, in ihrer eigenen Wohnung zu bleiben, um dort bis zuletzt ihr eigenes Leben zu führen!*«

Lei Wen: »*Das ist in China vollkommen anders. Wenn meine Eltern alt sind, wollen sie zu mir ziehen und mit mir leben, egal ob sie ein großes Haus oder eine große Wohnung haben, ob sie arm oder reich, krank oder gesund sind. Obwohl ich nie vergessen und es auch nie akzeptieren werde, daß sie mir keine besonders schöne Kindheit bereitet haben. Aber ich werde mich trotzdem um sie kümmern. Ich bin ihr Sohn. Sie dürfen das von mir erwarten.*«

Dieses Gefühl der Verantwortung für unsere Eltern, das Bedürfnis, sie im Alter bei uns zu haben, ist uns in Europa gänzlich abhanden gekommen.

Tanja: »*Ehrlich gesagt, ist dieser chinesische Familiengedanke für mich ziemlich anstrengend. Obwohl ich auch sehr an meinen Eltern hänge, ist es eben anders. Vielleicht auch, würde Lei Wen sagen, weil ich eine Frau bin, eine Tochter. Ich bin natürlich, weil meine Eltern jetzt wieder in Wien sind, sehr viel bei ihnen. Sie brauchen nur zu rufen, und ich verbringe den ganzen Tag dort. Andererseits kann ich von meinen Eltern nicht so viel erwarten, weil sie ihr eigenes Leben führen. Ich denke, meine Eltern würden grundsätzlich nicht von mir verlangen, daß ich einmal zu ihnen ziehe oder daß sie bei mir wohnen, obwohl auch sie es sicher schön fänden. Aber in Europa herrscht der Gedanke: Jeder lebt sein eigenes Leben. Das ist auch ein grundsätzlicher Unterschied*

zwischen Lei Wen und mir: Ich bin von dieser Idee der absoluten individuellen Freiheit wesentlich stärker geprägt als eine typische Österreicherin, weil ich in Holland aufgewachsen bin. Dort gilt das Prinzip: Du kannst tun und lassen was du willst, solange du den anderen nicht in seiner Freiheit beeinträchtigst. Jeder hat seinen Freiraum und ist niemandem etwas schuldig.
Die chinesische Denkweise ist anders: In China heißt es, du bist auch für den anderen da und der andere für dich. Das gilt ganz besonders für die Freundschaft, die in China wirklich wichtig ist. Chinesische Freunde gehen miteinander durch dick und dünn. Das ist auch ein Zwiespalt in unserer Beziehung: Ich würde ehrlich gesagt nicht so viel für Lei Wen tun wie er für mich.
Und ich vertrage es auch nicht, wenn jemand mir zu verstehen gibt: Das hab' ich jetzt für dich getan, was tust du nun für mich? Das engt mich ein, da fühle ich mich zu sehr gebunden und verpflichtet.«
Sind Europäer einsame Egoisten?
Tanja: »*Ich finde nicht.*«
Lei Wen: »*Doch, ich finde die Europäer ziemlich egoistisch. Eine Familie, die nur am Wochenende zusammenkommt und sich dann einen Monat nicht mehr sieht, wäre bei uns undenkbar. Bei Freunden und in der Familie ist das fast wie ein Zwang, ein Muß, daß man sich jeden Tag sieht und füreinander da ist. Wenn zum Beispiel ein chinesischer Student, mit dem ich befreundet bin, eine Aufenthaltsgenehmigung braucht, und nachweisen muß, daß er über 100.000 Schilling verfügt, dann leihe ich ihm das Geld. Das ist gewiß ein Risiko, aber wir vertrauen Freunden blindlings.*«
Tanja: »*Ich würde das nicht tun. Ich war in China und wurde von einem chinesischen Studenten, der nach Österreich kommen wollte und mit dem ich mich angefreundet hatte, gefragt, ob ich ihm dieses Geld für eine Aufenthaltsgenehmigung borge oder wenigstens für ihn bürge. Ich habe*

das nicht getan. Das war für ihn sicher ein unverständlicher und unverzeihlicher Vertrauensbruch.«

Lei Wen: »*Ich würde das für einen Freund sofort tun!*«

Auch wenn es die mühsam ersparten, einzigen und letzten 100.000 Schilling sind?

Lei Wen: »*Ja, auch wenn es mein letztes Hemd ist.*«

Ist man bei chinesischen Freundschaften so sicher, daß man das Geld einmal zurückbekommt?

Lei Wen: »*Das kann man nie mit Sicherheit sagen, dieses Risiko muß ich übernehmen. Und ich nehme auch sicher keine Zinsen, das ist so unter Freunden. Ich kann nicht sagen, ob die Österreicher oder die Europäer mehr am Geld hängen als wir. Ich kann nur sagen, daß es solche bedingungslosen Freundschaften unter Europäern nicht gibt. Daneben gibt es noch ein anderes Prinzip in der chinesischen Gesellschaft, das dem Europäer fremd ist, nämlich das Geflecht der ›Guanxi‹, der Beziehungen zu Menschen, die einem von Nutzen sein können. Diese Beziehungen werden von den Chinesen sehr gepflegt – manchmal führt das bis hin zur Korruption, weil man auch oft nur dadurch ein bestimmtes Ziel erreichen kann.*«

Ist das nicht auch die Grundvoraussetzung für die chinesische Mafia?

Lei Wen: »*Ganz bestimmt, das ist die negative Auswirkung. Die positive aber kommt im ganz normalen Alltag zum Ausdruck. In Europa bedeutet Freundschaft, möglichst intim miteinander über Gefühle reden zu können. Man versucht einander beizustehen, wenn es möglich ist, jedoch ist dieser Beistand nicht fixer Bestandteil der Freundschaft. In China bedeutet Freundschaft eine Gemeinschaft, so etwas wie ein Team. Daß die Europäer dazu nicht imstande sind, zeugt meiner Meinung nach auch ein bißchen von Gefühlsarmut. Der Europäer denkt in erster Linie an sich selbst.*«

Das klingt paradox, weil doch gerade die Chinesen es sind, die offenbar niemals ihre Gefühle zeigen, denen man zumindest niemals anmerkt, was sie gerade fühlen.

Tanja: »*Das stimmt. Ich würde es aber anders formulieren. Auch wenn ich dieses ›Du-tust-was-für-mich-dann-tu'-ich-was-für-dich‹ nicht mag, heißt das noch lange nicht, daß ich einer guten Freundin, die mich braucht, nicht helfen würde. Ich würde es nur nicht aus falscher, formaler Freundschaft tun.*«
Hat Lei Wen nicht recht? Herrscht in Europa denn nicht, wie er sagt, sehr häufig eine sehr brutale Egozentrik? Sagen wir nicht häufig: »Das ist dein Problem« und wenden uns ab?
Lei Wen: »*Ja, genau.*«
Tanja: »*Ich bin vielleicht noch sehr idealistisch, weil ich noch nicht in einer solchen Situation war. Ich stelle mir eben vor, daß ich für jemanden durchs Feuer gehen könnte, aber ich würde es nicht aus Berechnung tun, weil der oder die mir später auch helfen könnte. Es passiert nämlich – nicht bei Lei Wen, aber sehr häufig –, daß jemand einem anderen hilft, weil er sich ausrechnet, einmal etwas zurückverlangen zu können. Dieser Aspekt der Nützlichkeit einer Freundschaft ist mir total fremd.*«
Was hat es mit diesem europäischen Egoismus, oder sagen wir Individualismus auf sich? Ist es wirklich der Höhepunkt der gesellschaftichen Entwicklung, wenn schließlich jeder allein dasteht? Mit sechzehn, siebzehn Jahren ziehen die jungen Leute in einen eigenen Haushalt. Andererseits steigt der Anteil an einsamen, alten Menschen. Ist Selbstverwirklichung um den Preis der Einsamkeit wirklich die höchste soziale Errungenschaft einer Zivilisation?
Tanja: »*Ich sehe daran nichts Negatives. Ich möchte mich verwirklichen, wie man so sagt, ich finde aber nicht, daß das auf Kosten anderer gehen muß. Ich habe das Gefühl, hilfsbereit zu sein, vielleicht mache ich es nicht richtig, aber ich möchte versuchen, eine Zwischenposition zu finden. Ganz konkret will ich jetzt studieren, später einmal arbeiten, aber auch für andere Leute da sein. Vielleicht nicht so aus-*

geprägt, wie Lei Wen oder ein anderer Chinese sich das vorstellt. Ein Chinese würde von mir erwarten, daß ich jederzeit alles stehen und liegen lasse, um etwas für jemand anderen zu tun. Okay, ich mache gerne alles für jeden, aber ich möchte es einplanen, ich möchte, daß es in mein Leben hineinpaßt.«

Lei Wen: »*Das finde ich so interessant an unserer Beziehung: Wir versuchen, unsere Positionen zu halten und gleichzeitig zu einer gemeinsamen Lösung zu kommen. Ich glaube nicht, daß ich jetzt noch mit einer typischen Frau aus Peking leben könnte, chinesische Frauen sind sehr zurückhaltend. Ich finde es viel reizvoller, wenn eine Frau sehr offen ist und ich mit ihr diskutieren kann. Auch das muß man erst lernen.«*

Um noch einmal auf das Geld und die Freundschaft zurückzukommen: Angenommen, die Familie braucht das Geld, möchte sich darum etwas Wichtiges anschaffen. Und ein Freund braucht das Geld auch. Wer bekommt es dann, der Freund oder die Ehefrau?

Lei Wen: »*Die Ehefrau wird ihren Mann davon abhalten wollen, das Geld seinem Freund zu geben, aber zum Schluß bekommt er es meistens doch. Vielleicht weil das Ideal der Freundschaft noch über dem der Ehe steht. Alle Beziehungen in China sind sehr rituell, sehr formal, sehr kompliziert. Ich merke es auch, wenn ich zum Beispiel hier in Wien in die chinesische Botschaft gehe, das ist eine völlig andere Welt. Immer dieselben Gedanken beherrschen die Köpfe der Chinesen: Was passiert, wenn ich dies oder jenes sage? Was werden die anderen über dich reden, wenn du weggehst? Ist das schlecht für meinen Ruf? Was sagen die Leute, wenn sie sehen, daß ich mir dieses oder jenes Auto gekauft habe, daß ich dieses oder jenes T-Shirt trage? Alles könnte meinem guten Ruf schaden, könnte negativ ausgelegt werden.«*

Tanja: »*Das ist die Schattenseite dieser streng formalen Beziehungen. Du mußt damit rechnen, daß andere hinter deinem Rücken über dich reden.«*

Lei Wen: »*Auf Dauer ist das sehr anstrengend. Mir ist es allerdings schön langsam egal, was die anderen Leute über mich denken. Ich fühle mich immer freier, meine Meinung zu sagen.*«
Tanja: »*Als wir 1989 in China waren, haben wir in einem Gebäude mit vielen Wohnungen gewohnt. Ich war die einzige Ausländerin, und wir haben natürlich gewußt, daß alle Leute darüber reden, was ich da zu suchen habe, ob das überhaupt erlaubt ist und so weiter. In meinen Augen war das purer Tratsch. Ich bin mit einer Einkauftstasche gegangen – und später haben wir auf dem Umweg über Bekannte gehört, daß das Gerücht umging, wir hätten ein Kind, nur weil ich mit der Tasche durch den Hof gegangen bin. Man wird ganz offen und ungeniert beobachtet. Alles über den anderen wissen und herausfinden wollen gilt in China als selbstverständlich. Mehr noch: als hohe soziale Tugend. Daß jeder sich um den anderen kümmert, kann von Vorteil sein, zum Beispiel wenn man jemanden in einem Hochhaus sucht – sofort ist jemand da, um zu helfen. Aber damit nicht genug, es kommen bald auch andere Leute dazu, und alle fragen dich aus. Bei uns gilt das eher als schlechte Manieren, wenn Unbeteiligte so überaus neugierig sind, wer da aus und ein geht und wer wen besucht. Die Chinesen finden das aber ganz okay.*«
Lei Wen: »*Das ist auch ein Sicherheitsfaktor, es erspart das FBI oder den KGB oder jeden anderen Spionagedienst. In China bedeutet Sicherheit, daß alle Leute ganz genau wissen, was die anderen tun. Tausende Leute kontrollieren einander jeweils gegenseitig.*«
Das ist eine gute Voraussetzung für Diktatur!
Tanja: »*Deswegen funktioniert sie ja in China so gut – aber das ist nicht erst durch den Kommunismus so gekommen, diese Art Kontrolle war schon früher da.*«
Lei Wen: »*Das ist in China Tradition. Umgekehrt gibt es hier in Europa Familien, die nicht einmal ihre Nachbarn kennen. Im Notfall kann niemand helfen.*«

Tanja: »*Das ist auch ein Grund, warum wir uns als zwischen den Welten stehend fühlen. Lei Wen hätte sicher Probleme, nach China zurückzugehen. Ein paar Jahre würde er es vertragen, auch mit dem Status, den er dann dort hat, als jemand, der immerhin einige Zeit im Ausland gewesen ist. Andererseits ändert sich jetzt auch die chinesische Gesellschaft rapide. Vieles von den alten Traditionen wurde durch den Kommunismus zerstört. Mehr aber wird jetzt noch durch den neuen privatwirtschaftlichen Aufschwung hinweggefegt. Durch den harten wirtschaftlichen Wettbewerb ist auch die chinesische Gesellschaft schon sehr viel härter geworden. Abgebrühter, egoistischer. Weil es ja keinerlei soziales Auffangnetz gibt und auch keine Gewerkschaften – gar nichts. Die Leute werden ausgebeutet. Wenn ein Bauer in der Großstadt Arbeit findet, geht für ihn ein Traum in Erfüllung. Aber wenn man sieht, unter welchen Umständen er leben muß, ist das in unseren Augen ziemlich schlimm. China ist jetzt kapitalistischer als Japan. Im Moment hat nämlich jeder das Gefühl, wenn er jetzt seine Chance nicht ergreift, bekommt er keine mehr.*«

Der Chinese, überhaupt der Asiate, gilt als besonders fleißig. In Amerika gelingt es asiatischen Einwanderern oft schon in einer Generation, zu Wohlstand zu gelangen. Ihr zäher Fleiß ist sprichwörtlich. Sind die Chinesen arbeitsamer und hartnäckiger als Menschen anderer Herkunft?

Lei Wen: »*Vielleicht haben sie mehr Geduld als andere.*
Das ist ein Resultat der Unterdrückung. Wenn man Geduld hat, dann erträgt man auch mehr, dann sagt man sich: Warte, warte; morgen wird alles besser, morgen oder irgendwann. Und in der Zwischenzeit arbeitet man fleißig.«

Tanja: »*Die Generation nach der Kulturrevolution war ganz anders als die Generationen zuvor. Und jetzt bricht wieder etwas zusammen durch diese Hetzjagd nach Geld und Karriere. Da gehen jetzt sogar die vorher angesprochenen Freundschaften zu Bruch, besonders in den letzten Jahren.*

Plötzlich muß man mitansehen, wie selbst die besten Freunde keine Zeit mehr füreinander haben, weil sie wie wild arbeiten, um Geld zu verdienen.«

Lei Wen: »*Die neue Gesellschaft, die in China aufgebaut wird, wird wahrscheinlich westlich orientiert sein. China lernt vom Westen. Das Gute, die Marktwirtschaft. Der Kommunismus existiert praktisch nicht mehr. Aber China übernimmt auch das Schlechte: Die Familien, die früher als soziales Auffangnetz gedient haben, zerfallen.«*

Und was bedeutet das für Lei Wen und Tanja? Wo werden sie leben? Wo wird ihr Platz sein?

Lei Wen: »*Ideal wäre: Ich arbeite in China, oder Tanja arbeitet in China, und wir haben beide viel mit Europa zu tun, oder wir arbeiten in Europa und haben viel mit China zu tun.«*

Tanja: »*Das glaube ich auch. Da Lei Wen eine Zeitlang hier gelebt hat, wird er immer eine Bindung zu Europa haben, egal ob wir zusammenbleiben oder nicht. Europa ist ja jetzt auch in ihm. Und China wird immer in mir bleiben. Aber ich glaube, wir können einen gemeinsamen Weg finden. Diese unsere Suche nach dem Neuen spielt sich derzeit auch in China ab. China war das Reich der Mitte, das sich selbst genügte, das andere Nationen nie akzeptierte, das buchstäblich eine Mauer um sich errichtet hat. Nun aber, ganz langsam, verändert sich China als Nation. China ist derzeit mehr im Aufbruch begriffen als Europa.*

Vielleicht sind die Chinesen jetzt lernwilliger. Man kann es auch an den Besitzern der Chinarestaurants sehen: Die erste Generation der Auswanderer hat sich kaum mit den Bürgern des Staates vermischt, in den sie eingewandert ist. Erst die zweite Generation war offener, lernte die Sprache des neuen Landes – und die Mauer fiel! Soho in London, das typische Viertel, in dem anfangs nur Chinesen lebten, ist heute der Tummelplatz einer interaktiven, integrierten, offenen Gesellschaft von Chinesen und Engländern. So soll es doch sein.«

Was kann Europa von China lernen?

Lei Wen: »*Im Augenblick nicht viel. China orientiert sich heute seinerseits nur am Westen, religiöses Empfinden ist durch den Kommunismus verlorengegangen. Von meditativer, beschaulicher Lebensweise ist China heute genauso weit entfernt wie Europa. Das einzige, was China Europa heute zu bieten hat, ist vielleicht seine gute und gesunde Küche. Auch ich kann sehr gut kochen! Wir essen fast nur chinesisch. Tanja findet das immer so toll, aber für uns Chinesen ist das normal. Gut essen ist für uns ganz wichtig.*«
Tanja: »*Das haben die Chinesen mit den Österreichern gemeinsam. Mit seinem selbstgemachten chinesischen Essen kocht er meine Eltern regelrecht ein.*«
Wir haben viel über das Unterschiedliche der Kulturen gesprochen, über das Trennende, das die beiden überwinden wollen. Gibt es auch etwas, das den einen am anderen fasziniert, gerade weil es so anders und exotisch ist?
Tanja: »*Von den Chinesen in meinem Alter, die nach der Kulturrevolution geboren sind und jetzt mündig werden, kann man im Moment nichts lernen. Denn die wollen, vereinfacht gesagt, von der Tradition Chinas, von Buddhismus, Konfuzianismus nichts wissen, sondern derzeit nur mit dem Westen, mit seinen Konsumgütern, seinem Lebensstandard, seiner Technologie mithalten. Ich habe es lustig gefunden, mir in China eine typisch chinesische Jacke zu kaufen. Man hat mich milde lächelnd aufgeklärt, daß solche Jacken nur alte Bauersfrauen tragen. Ich hab' auch Schattenboxen betrieben, ich finde es wunderschön. Dabei üben das heute nur noch alte Leute aus. Als ich einer Freundin erzählt habe, daß ich jeden Morgen zum Schattenboxen gehe, hat sie mich ausgelacht. So wie ich es wahrscheinlich befremdlich finden würde, wenn Lei Wen plötzlich Heurigenlieder singt. Apropos Musik: Toll finde ich an China zum Beispiel die Musik, die jetzt gespielt wird – moderne Musik mit starken Elementen der traditionellen chinesischen Musik. Die fasziniert mich. Wenn ich mich allerdings plötzlich mit traditioneller chinesischer Musik oder Meditation auseinander-*

setzen würde, dann würde Lei Wen das vielleicht ein bißchen seltsam finden.«
Lei Wen: »*Ich glaube, Tanja wird, selbst wenn sie es wollte, nie ganz in diese rein chinesische Kultur eindringen, so wie auch ich niemals ganz und gar österreichisch werden kann. Ich will es auch gar nicht. Tanja und ich sind zusammen, weil wir beide denken, daß wir international bleiben wollen, weil wir diesen Mittelweg gefunden haben. Wir können sehr viel austauschen. Wenn ich was sage, dann versteht sie mich – und wenn sie etwas sagt und ich verstehe es nicht, dann können wir darüber reden. Wichtig ist, was wir uns erarbeitet haben, und ich fände es schön, wenn es mehr solche Paare gäbe, damit die Welt sich schneller weiterentwickelt.«*
Ist es für Lei Wen als Mann schwerer, sich einer europäischen Frau anzupassen als umgekehrt? Es ist doch bekannt, daß sich eine chinesische Frau aufgrund ihrer Zurückhaltung, Bescheidenheit, Meinungslosigkeit und Nachgiebigkeit einem Europäer leicht anpaßt. Asiatinnen stehen bei Europäern als Ehefrauen hoch im Kurs, weil sie den männlichen Wunsch nach weiblicher Fügsamkeit besser erfüllen. Weil sie, wie manche Männer sagen würden, noch nicht durch die Emanzipation »verdorben« sind. Chinesische Frauen stellen den Dominanzanspruch des Mannes nicht so sehr in Frage, wie die europäische Frau dies tut.
Lei Wen: »*Nein, ich versuche, mich Tanja anzupassen, das heißt, ich bin durchaus bereit, meinen Charakter für sie zu ändern. Ich habe mich, seit ich sie kenne, sicher schon stark verändert.«*
Tanja: »*Aufpassen müssen wir zum Beispiel mit unserer Kritik an der Kultur des anderen. Denn wenn ich China allzu oberflächlich und pauschal kritisiere, könnte es doch sein, daß ich Lei Wen damit verletze. Es ist etwas ganz anderes, wenn er etwas an China auszusetzen hat. Er darf kritisieren, denn es ist quasi ein Stück seiner Seele. Dasselbe gilt, wenn er Österreich kritisiert. Dann werde ich mich auch*

verteidigen, denn obwohl ich weiß, daß es nicht so gemeint ist, fühle ich mich sicher auch persönlich angesprochen. Ich bin sicher eine kritische Österreicherin, weil ich aus dem Ausland komme – aber wenn unsere chinesischen Freunde über Österreich herziehen, dann wehre ich mich mit Händen und Füßen.«

Lei Wen: »*Wir sind froh, daß wir mit Menschen anderer Kulturen viel Kontakt haben, denn so kann man die Nachteile und Vorteile anderer Länder genau erkennen. Es lohnt sich, solche Diskussionen zu führen. Da ich jetzt Tanjas Sprache besser beherrsche, sind die Verständigungsmöglichkeiten sehr viel besser geworden.«*

Tanja: »*Und auch ich kann jetzt immer besser verstehen, wenn Lei Wen mit seinen Freunden chinesisch spricht, da kann ich jetzt mitdiskutieren, und fühle mich auch viel wohler. Ich weiß, daß ich durch die Sprache allein keine Chinesin werde. Aber, wie gesagt, das will ich ja auch gar nicht. Wir wollen aus der Enge der eigenen kulturellen Prägung herauskommen und zu einer neuen, selbstgeschaffenen gelangen.«*

Lei Wen: »*Von der eigenen Kultur das Positive mtinehmen, das Negative erkennen und zurücklassen – das ist doch ein erstrebenswerter Weg der Reinigung! Ich würde mir wünschen, daß noch viel mehr Menschen diesen Weg gehen.«* □

»Nicht ohne meinen Sohn.«

WOLFGANG M. UND DIE NAMIBIERIN JACQUELINE M.

Man würde meinen, daß tragische Geschichten wie die Entführung der Amerikanerin Betty Mahmoody und ihrer Tochter Mahtab in den Iran in der westlichen Welt nicht möglich sind. Irrtum. Männer wie Moody Mahmoody, die ihre Frauen der Freiheit berauben, gibt es auf der ganzen Welt. Schicksale wie jenes von Betty ebenso. Zum Beispiel das von Jacqueline, dem schwarzen Mädchen aus Namibia, das von einem verantwortungslosen Herrn nach Österreich gebracht und hier sich selbst überlassen wurde: Ohne Geld, ohne Wohnung, ohne Beruf – und ohne ihr Kind. Auch den kleinen gemeinsamen Sohn aus dieser Verbindung hat der feine Herr Österreicher seiner schutzlosen Frau aus Afrika weggenommen. Eine unfaßbare Geschichte.

Die zivilisierte Welt war vom Erlebnisbericht »Nicht ohne meine Tochter« geschockt. In den Augen westlicher Bürger zeigte er den Iran als fremdenfeindliche, frauenverachtende, intolerante Diktatur, in der das Individuum nichts gilt, das auf dem Koran fußende Gesellschaftssystem aber alles.

Für diejenigen, die weder den Mega-Seller (Abermillionen verkaufte Exemplare) gelesen noch den Filmhit mit Sally Field gesehen haben, hier kurz der Inhalt:

Die Amerikanerin Betty Mahmoody war in Detroit seit einigen Jahren mit dem aus Persien stammenden Arzt Moody Mahmoody verheiratet. Er hatte in Amerika Medizin studiert und war in den Staaten geblieben. Das Ehepaar hatte eine damals vierjährige Tochter, Mahtab. Betty Mahmoody war der persischen Kultur gegenüber aufgeschlossen, empfing gerne die Freunde ihres Mannes aus dem Iran, kochte persische Gerichte und vertiefte sich auch, um ihren Mann besser verstehen zu können, in den Koran. Ihr Mann war Mohammedaner, schien in den Vereinigten Staaten aber nie besonders religiös. Betty war Christin geblieben.

Als 1979 im Iran die islamische Revolution ausbrach, der prowestliche Schah gestürzt und der greise fundamentalistische Religionsführer Khomeini als Staatsoberhaupt aus Paris nach Teheran zurückgeholt wurde, zeichnete sich auch zwölftausend Kilometer weiter westlich im Hause Mahmoody eine Veränderung ab. Auch in dem scheinbar angepaßten Arzt erwachten stolze nationale und religiöse Gefühle. Er überredete seine Frau, mit ihm und der kleinen Tochter seine Familie in Teheran zu besuchen. Betty, Schlimmes ahnend, willigte nur widerstrebend ein.

In Teheran angelangt, zeigte Moody sein wahres Gesicht. Er hatte immer schon vorgehabt, mit seiner Familie in Teheran zu bleiben, um an der großen islamischen Weltrevolution teilzuhaben, die endlich die moralische Überlegenheit der Religion und Kultur Mohammeds beweisen sollte. Für Betty begann ein Martyrium. Ihr einziges Begehren war, dieser aggressiven, rückständigen, frauenfeindlichen Welt so bald wie möglich wieder zu entkommen. Und zwar mit ihrer Tochter, die sie auf keinen Fall zurücklassen wollte, obwohl diese nach islamischem Recht zum Vater gehört. Ohne Pässe, ohne Geld, bei Nacht und Nebel, gelang Betty schließlich mit dem Mädchen die Flucht durch das buchstäblich wilde Kurdistan in die Türkei.

Zwei grundverschiedene Welten standen einander unversöhnlich gegenüber: Hier das demokratische, tolerante,

dem Individuum viel Freiraum lassende Amerika. Dort die theokratisch-hierarchische Gesellschaft, in der alles daran gesetzt wird, jeden einzelnen unter die Gebote Allahs, wie sie im Koran und in den Glaubensgesetzen festgelegt sind, zu zwingen. Frauen sind unterdrückt, Andersdenkende unerwünscht, Oppositionelle werden verfolgt, gefoltert, umgebracht. Soweit Betty Mahmoodys Geschichte.
Doch auch die zweiundzwanzigjährige Namibierin, die unfreiwillig nach Österreich gebracht wurde, hat einiges zu erzählen.
Die zierlich gebaute Jacqueline mit den braunen Augen und den schwarzen Haaren, deren Hautfarbe allerdings nicht so dunkel ist wie die der meisten Bürger Namibias (einer ihrer Urgroßväter war ein Weißer), ging 1989 in Windhoek, der Hauptstadt Namibias, noch zur Schule. Sie war damals noch nicht neunzehn und damit noch nicht großjährig, lebte mit Vater, Mutter und ihren vier Geschwistern friedlich zusammen und arbeitete an den Wochenenden als Kellnerin im eleganten »Safari«-Hotel, in dem vornehmlich weiße Touristen und Geschäftsleute abstiegen.
Dort logierte auch ein gewisser Wolfgang M., ein junger Österreicher, der bei einer internationalen Organisation in Wien als Sicherheitsbeamter beschäftigt ist. Ein Security-Mann, der sich den Ort seines Auslandseinsatzes selbst aussuchen konnte. Diesmal hatte er Namibia gewählt und logierte in Windhoek im Safari-Hotel.
Die schwarze temperamentvolle Serviererin gefiel ihm.
Jacqueline ist der Typ eines modernen Reggae-Mädchens, das gerne lacht und tanzt und den Diskotheken der Großstadt mehr zugetan ist als den patriarchalischen Traditionen ihres stolzen Stammes. Für Ethnologen: Jacqueline ist ein Herero-Mädchen. In ihrem Innersten war ihr stets klar, daß sie keinen Herero-Jüngling heiraten wollte. Die Macht, die ein überzeugter Herero über sie als Frau besitzen würde, erschien ihr zu streng und einengend.

Wolfgang M. aus Österreich hatte kein allzu schweres Spiel. Er steckte ihr unter dem Kaffeegeschirr, das sie abservierte, kleine Zettelchen zu. Wie heißt Du? Wo kann ich Dich sehen? Die uralte Geschichte des Werbens. Jacqueline ging zuerst nicht darauf ein. Sie war aus gutem Grund vorsichtig, wie sie später erzählte: »*Ich hielt ihn für einen dieser Söldner aus Südafrika, die sich zuhauf bei uns herumtreiben und nichts Gutes im Schilde führen. Man liest doch immer wieder von Soldaten, die hier irgendwen umbringen.*« Namibia liegt immerhin in der nicht nur klimatisch heißen Zone zwischen den ehemaligen Apartheid- und Bürgerkriegsländern Südafrika (im Süden) und Angola (im Norden).
Der Irrtum war aber bald aufgeklärt. Wolfgang M., vierunddreißig, signalisierte, daß er weder aus Angola noch aus Südafrika, sondern aus dem wunderschönen, friedlichen Österreich stamme, das irgendwo inmitten Europas hoch oben auf der nördlichen Halbkugel der Erde liegt.
Jacquelines Mutter riet von dem jungen Mann ab. »*Geh nicht mit ihm aus!*« warnte sie ihre blutjunge, unerfahrene Tochter. Doch es war schon zu spät. Für Jacqueline war Wolfgang M. nicht nur der erste Mann in ihrem Leben, er war auch ein weißer Gott.
Jacqueline war verliebt, alsbald war ein Baby unterwegs. Herr M. versprach Jacqueline, sie nach Österreich mitzunehmen und sie zu heiraten. Daß er bereits verehelicht war, und zwar mit einer Philippinin, die zu Hause in Österreich mit einem kleinen Kind auf ihn wartete, verschwieg der weiße Gentleman.
Im Juni 1990 kam Jacqueline mit Wolfgang M. nach Wien. Wenige Wochen darauf, im Juli 1990, kam Sohn Boris zur Welt. Die Familie lebte zuerst bei Wolfgangs Eltern in Niederösterreich. Wolfgang M. tat, was er vorgehabt hatte: Er ließ sich von seiner ersten Frau, die pikanterweise auch Jacqueline hieß, scheiden und heiratete 1991 seine neue, schwarze Jacqueline.

Bereits im Dezember 1990 bezog die kleine Familie – Jacqueline, Wolfgang und Boris – eine eigene Wohnung im achten Wiener Gemeindebezirk. Eine sehr kleine Wohnung, aber sie war ausreichend. Zumindest, was die Größe betraf. Atmosphärisch glich sie für die gesellige Jacqueline einem Käfig. Die Namibierin war dieses Ausmaß von Alleinsein nicht gewöhnt, hatte sich diese beklemmende Einsamkeit nicht im entferntesten träumen lassen: »*Ich habe sehr viel geweint. Wolfgang arbeitete tagsüber. Ich war immer nur allein mit dem Kind, nicht einmal mit den Nachbarn konnte ich reden.*«
Das Heimweh muß sie fast überwältigt haben. Denn wie trostlos muß ihr diese qualvolle Mutter-Kind-Einsamkeit doch im Vergleich mit dem warmherzigen, fröhlichen Familienleben in Afrika vorgekommen sein?
Jacqueline konnte es nicht fassen: »*Bei uns zu Hause sind Kinder überall willkommen. In meiner Familie tummeln sie sich, wo immer es geht. Auch bei den Nachbarn stehen die Türen offen. Wenn eine Mutter irgendwo hingehen will, kann sie ihr Kind jedermann problemlos überlassen. Auch wenn sie arbeiten geht. Alle, alle sind ständig beisammen, helfen einander, lachen, sind fröhlich und ungezwungen. In Österreich lebt eine Mutter mit Kind dagegen in totaler Isolation. Es war wirklich eine schreckliche Zeit für mich!*«
Auch Wolfgang erwies sich im alltäglichen Leben nur noch als das, was er wirklich war: ein wenig gesprächiger, wenig phantasievoller, wenig großzügiger Ehemann. In Namibia waren die beiden noch munter tanzen gegangen. Fern der Heimat war er auch doppelt so gut bezahlt gewesen, in Wien mußte er sparen. Ein Kredit aus der Zeit seiner ersten Ehe mußte noch zurückgezahlt werden, auch die Alimente für Wolfgangs erstes Kind schmälerten das Familienbudget. Jacqueline erinnert sich: »*Wenn wir ausgingen, dann nur zu den verschiedenen Festen in Wolfgangs Familie. Irgend jemand von seinen drei Schwestern, Schwa-*

gern, Neffen oder Nichten hatte immer Geburtstag. Nur dann kam die Familie zusammen. Aber auch nicht richtig herzlich, sondern so gezwungen. Ich fühlte mich dabei niemals richtig wohl.«

Daß ihre Schwiegereltern mit dem schwarzen Mitbringsel ihres Sohnes nichts anfangen konnten, war Jacqueline ohnehin bald klar. »*Meine Schwiegereltern haben mich nie gemocht. Sie haßten überhaupt alle Ausländer.*« Nur bei dem kleinen süßen Boris, dem reizenden, großäugigen Mischlingsbaby, machten sie eine Ausnahme. »*In den waren sie richtig vernarrt.*«

Das Rätsel, warum Wolfgang M. seinen fremdenfeindlichen Eltern immer wieder Ausländerinnen als Schwiegertöchter vorsetzte, wird Jacqueline wohl niemals klären können. Er hat ihr den Grund nicht gesagt, und sie wird ihn wohl auch nie danach gefragt haben.

Für Gespräche hatten die jungen Eheleute ab dem Jahr 1992 ohnehin immer weniger Zeit. Wolfgang M., der Reiselustige, ließ sich nämlich von seinem Dienstherrn nach Kambodscha versetzen, was offenbar ohne Schwierigkeiten möglich ist, und faßte folgenden weitsichtigen Plan: Er kündigte die gemeinsame Wohnung im achten Bezirk, denn er gab an, sich ohnehin in Kambodscha nach einer neuen Bleibe für sich und seine Familie umsehen zu wollen. Sobald er eine solche gefunden habe, sollten Jacqueline und das Baby nachkommen. Es war vereinbart, daß Jacqueline und Boris in der Zwischenzeit einen Besuch zu Hause in Namibia machen sollten, damit auch ihre Eltern das Baby kennenlernten. Danach könnte sie entweder für kurze Zeit bei den Schwiegereltern in Niederösterreich wohnen oder gleich nach Kambodscha nachkommen. Doch es kam – durch den Gesinnungswandel des noblen Ehemannes – ganz anders.

Im November 1992 war Jacqueline von dem Besuch in ihrem Elternhaus wieder in Österreich zurück. Hätte sie geahnt, was hier auf sie zukam, wäre sie wohl in ihrer

Heimat geblieben. Doch sie war immer noch voll Liebe und Zuversicht, obwohl sie nach ihrer Rückkehr von ihrem Mann nicht mehr viel sah und hörte. Rückblickend ist Jacqueline sicher, daß er sich in der kurzen Zeit in Kambodscha schon wieder eine neue Frau angelacht hatte. Höchstwahrscheinlich ohne ihr davon zu erzählen, daß er im fernen Wien verheiratet war und bereits zwei Kinder hatte.

Was mit Boris und seiner Mutter geschah, schien Herrn M. in der Zwischenzeit egal geworden sein. Jacqueline bekam von ihm kein Geld, hatte keine Wohnung mehr und war der fremden Welt um sie herum hilflos ausgeliefert. Bei ihren Schwiegereltern, die sie nicht mochten, durfte sie notgedrungen wohnen. Daß das nicht gutgehen konnte, war abzusehen.

Es kam immer wieder zu Streitereien. Etwa wegen des Staubsaugers: Schwiegermutter M. wollte, daß Jacqueline für ihre Räume ihr eigenes Gerät benutzte. Nur wenn Jacqueline im ganzen Haus saugte, sollte sie jenen der Schwiegermutter benutzen. Hinterher nörgelte die Hausherrin meist, der Staubsauger sei nicht gründlich genug geputzt worden. Jacqueline fühlte sich wie ein Hausmädchen, nicht aber wie eine Schwiegertochter behandelt. Nach dem ersten Zwist zog sie mit Boris für eine Woche zu einer Freundin, einer jungen Frau aus Namibia, mit der sie sich mittlerweile angefreundet hatte und die in Linz wohnte. Nach einer Woche kehrte Jacqueline aber doch wieder nach Niederösterreich zurück.

Wohin hätte sie auch gehen sollen? Der feine Ehemann fern in Kambodscha hatte sie mittellos in Österreich ihrem Schicksal überlassen. Zweimal hat Jacqueline versucht, mit ihrem Baby in einem Mutter-Kind-Heim der Caritas unterzukommen. Dort aber fühlte sich niemand für sie zuständig. Schließlich war das Heim ohnehin voll – mit Flüchtlingsfrauen aus dem ehemaligen Jugoslawien und ihren Kindern. Jacqueline: *»Ich war ja kein Flücht-*

ling. Ich war als Ehefrau eines Angestellten einer internationalen Organisation nach Österreich gekommen. Die Caritas konnte mir jedenfalls nicht helfen. Das hab' ich auch eingesehen.«

In ihrer Not mußte Jacqueline immer wieder zu ihren Schwiegereltern zurück. Doch die waren mittlerweile auch nicht zu toleranten, hilfsbereiten Ausländerfreunden konvertiert.

Die »schwarze Schlampe« ihres Sohnes sollte gefälligst für sie arbeiten, wenn sie schon bei ihnen wohnen durfte.

Jacqueline: »*Sie hat mich im Winter meine Wäsche im Waschbecken waschen und im Freien aufhängen lassen! Sie hat gesagt, ich mache ihr die Waschmaschine kaputt. Und so ging es die ganze Zeit. Sie waren sehr böse zu mir. Jedesmal, wenn es Streit gab, hat sie mich hinausgeschmissen. Einmal hat sie mich geschlagen. Ich hab' zurückgehaut! Die Konsequenz war aber, daß ich wieder weg mußte. Ich fand mit Boris Unterkunft in einer Großwohnung, die an sechs verschiedene Leute untervermietet war.«*

Interessanterweise hatten die niederösterreichischen Großeltern an dem kleinen Boris einen Narren gefressen. Ihn wollten sie bei sich haben, seine Mutter nicht. Sie schickten Jacqueline das Jugendamt auf die Fersen. Eine Fürsorgerin kam und konstatierte, daß die Unterkunft im zehnten Bezirk, die Mutter und Sohn mit fremden Leuten teilten, keine ideale Bleibe für den Kleinen war. Jacqueline fand dies auch und stimmte darum zu, daß Boris wieder zu den Großeltern gebracht wurde. Damit war sie zum ersten Mal von ihrem geliebten Boris-Baby getrennt. Ihr, der ältesten von fünf Geschwistern, die immer mit Kindern zu tun gehabt hatte, die Kinder über alles liebte und naturgemäß mütterlich mit ihrem Kleinen umging, wurde nun auch ihr Liebstes noch weggenommen.

Jacqueline war zu diesem Zeitpunkt immer noch der Meinung, daß sie beide bald ihrem Mann nach Kambodscha nachreisen würden und daß dann endlich alles wieder in

Ordnung käme. Doch da täuschte sie sich gewaltig! Aus Kambodscha hörte sie überhaupt nichts!
Halten wir fest: Ein vermeintlich zivilisierter Herr aus Österreich bringt eine junge, hübsche Frau aus dem fernen Afrika mit, liefert sie hier einer völligen Sprach- und Hilflosigkeit aus, entschwindet und kümmert sich nicht weiter um sie.
Tausende hilfesuchende Einwanderer werden an unseren Grenzen aus den verschiedensten Gründen abgewiesen oder abgeschoben. Der ohnehin schon entflammte Ausländerhaß wird weiter geschürt, neue Gesetze zum Dichtermachen der Grenzen werden verabschiedet. Welchem Strafgesetz aber unterliegt eigentlich ein Österreicher, der eine Fremde hierherholt und sie schutz- und obdachlos sich selbst überläßt? Wer ist in diesem Fall der Verbrecher gegen die Menschlichkeit? Wer verstößt hier gegen die allerersten Regeln des Anstandes und der Fairneß?
Welches Gericht ist hier anzurufen?
Gehört in diesem Fall nicht der Kindsvater per Schubhaft zurück nach Österreich transportiert und hier in die Pflicht genommen?
In ihrer Verzweiflung sprach Jacqueline bei Wolfgangs Chef vor. Sie fand Gehör für ihr Mißgeschick, mußte jedoch erfahren, daß der Security-Mann M. kein Einzelfall war. Man versprach ihr aber, Wolfgang M. nach seiner Rückkehr aus Kambodscha nicht mehr auf Auslandsmission zu schicken.
Zu allem Unglück war Mitte 1993 Jacquelines geliebte Mutter daheim in Windhoek an Krebs gestorben. Jacqueline flog eiligst nach Hause, um beim Begräbnis dabei zu sein. Boris hatte sie diesmal bei den Großeltern gelassen. Sie hatte nie die Absicht gehabt, das Kind zu »entführen« und mit ihm zu »fliehen«. *»Leider habe ich nie so unanständig gedacht«,* bedauert sie heute.
Daheim bei ihrer Famlie aber weinte sie sich aus, wie schlecht es ihr in Österreich ginge. Ihre Großmutter woll-

te schon einen Brief an Jacquelines Schwiegereltern verfassen, in dem sie um eine anständige Behandlung ihres Enkelkindes ersuchte, die aus einem ordentlichen Haus, aus einem stolzen Geschlecht stamme. Jacqueline: »*Wir sind zu Hause gläubige Christen aus dem Stamme der Herero. Die Familie M. ist dagegen nicht einmal getauft! Auch meinen Boris haben sie nicht taufen lassen. Meine Großmutter war sehr empört.*«

Dennoch wurde der Brief nie geschrieben. Irgend jemand in Jacquelines Familie hat abgeraten: Es würde ja doch nichts helfen! Ob dieser Rat wohl richtig war?

Jacqueline kam nach Österreich zurück, immer noch auf die Rückkehr ihres Mannes wartend. Man schrieb inzwischen das Jahr 1994. Boris war beinahe vier Jahre alt, immer wieder besuchte Jacqueline ihren Sohn in Niederösterreich. Sie fand auch Arbeit. Als Kellnerin, was sonst? Da erfuhr sie eines Tages, daß ihr Mann aus Kambodscha zurück war.

Doch er nahm keinerlei Kontakt zu ihr auf, wollte sie gar nicht treffen. Statt dessen wurde sie mit Papieren vom Jugendamt und Gericht überschwemmt: Ihr Mann hatte mit der Begründung, daß sie von zu Hause fortgelaufen war, die Scheidung eingereicht.

Jacqueline: »*Wolfgang wußte, daß das nicht stimmte. Er, der sich mit seinen Eltern überhaupt nicht vertrug, wußte, daß sie mich hinausgeschmissen hatten. Ich bin nicht davongelaufen, habe mich immer um Boris bemüht, doch seine Eltern wollten mich nicht.*«

Noch etwas werfen die lieben Inländer der ungeliebten Ausländerin vor: Sie treibe sich nachts in Lokalen herum! Doch welche Möglichkeit, ihren Unterhalt zu verdienen, hätte Jacqueline denn gehabt, außer als Kellnerin? Als die es sie zuweilen gewiß auch in ekelhafte, ausschließlich von Österreichern besuchte Wirtshäuser verschlug.

Ehemann Wolfgang wurde nun zwar nicht mehr von seiner Dienststelle auf Mission geschickt. Was ihn aber nicht daran hinderte, freiwillig »auf unbezahlten Urlaub« abermals nach Kambodscha zu entschwinden! Ohne seine Frau. Nun wußte Jacqueline mit Bestimmtheit, daß ihr Mann in Kambodscha mit einer neuen Freundin zusammenlebte und er sie deshalb nicht hatte nachkommen lassen.

Die größte Ungeheuerlichkeit aber sollte noch kommen: Wolfgang M. nahm nach seinem kurzen Heimatbesuch im März 1994 seinen kleinen Sohn einfach nach Kambodscha mit. Als Vater des Kindes war er dazu berechtigt. Als Jacqueline wieder einmal an einem Wochenende ihren Sohn in Niederösterreich besuchen wollte, hieß es lakonisch: *»Der ist nicht da. Der ist mit dem Vater verreist!«*

Jacqueline, allein in Wien zurückgelassen, war und ist verzweifelt. Es hieß, er bleibe nur einen Monat weg. Bis jetzt hat ihr Mann ihren kleinen Sohn nicht zurückgebracht.

Jacqueline ist jung, kräftig, robust, gewiß – was aber wird ihr noch alles in diesem schönen Land zugemutet?

Hat sie in diesem zivilisierten Österreich überhaupt eine Chance? Wem werden Jugendamt und Scheidungsrichter glauben? Jacqueline befürchtet: *»Mir wohl nicht. Ich habe doch nicht einmal das Geld für einen Anwalt!«* Jacqueline will so lange in Österreich bleiben, bis sie ihr Kind zurückbekommen hat. Sie will nach Namibia zurück, jedoch *»nicht ohne meinen Boris«*.

In den vier Jahren hat sie bereits ziemlich gut Deutsch gelernt, auch Kraftausdrücke befinden sich in ihrem Wortschatz. Sie glaubt nicht, in einer besonders guten Gesellschaft gelandet zu sein. Sondern: *»Ich fühle mich mitten in der Scheiße.«* □

»Afrikanerinnen zeigen ihre Liebe besser als Europäerinnen.«

PETER HAMMERER UND DIE KENIANERIN FATMA HUSSEIN

Rundlich, erdig, pausbäckig. Der einundvierzigjährige Unternehmer Peter Hammerer ist kein Beau, aber ein origineller, lustiger Mann, der die Aufmerksamkeit der Zuhörer mit lebhaften Geschichten zu fesseln versteht. Vor allem, wenn er wieder einmal von einer seiner Reisen nach Kenia zurückkehrt, weiß er daheim in Klagenfurt stets erstaunlich Farbenfrohes zu erzählen. Als Gesellschafter eines Heiztechnikbetriebes hätte er nicht so häufig nach Afrika fahren müssen, wie er es in den letzten Jahren getan hat. Nach und nach begann er aber, afrikanische, zu exotischen Figuren verarbeitete Steine nach Österreich zu importieren. Der Handel mit diesen Specksteinen soll, wie er sagt, schön langsam zu einem zweiten ertragbringenden Geschäftszweig ausgebaut werden. Mit der Intensivierung seiner Geschäfte verfiel Hammerer immer mehr dem Zauber des schwarzen Kontinents.
Eines Tages, im Juni 1993, steht Peter Hammerer wieder einmal an der Rezeption seines Hotels in Nairobi und möchte einchecken. Da erblickt er hinter der Theke »das schönste Mädchen, das es auf Erden gibt«. Er steht nur und gafft. So lange, bis die zarte, junge Kenianerin nicht mehr weiß, was sie tun soll. So schamlos hat sie noch kein männliches Wesen je angeschaut. Der österreichische Gast

bringt sie in einen großen Konflikt. Immerhin ist sie Mohammedanerin, diese Art offenen Gemessenwerdens ist ihr fremd und unangenehm. Scheu und beschämt läuft sie in den Kassenraum und versteckt sich. Peter hat unter den Angestellten des Hotels viele Freunde. Einen von ihnen fragt er, ob er ihm helfen könne, mit dem Mädchen ins Gespräch zu kommen. »*Ich wollte dieses schöne Mädchen unbedingt kennenlernen. Ich wußte, daß dies bei Mohammedanerinnen nur sehr schwer möglich ist. Aber ich wollte es in allen Ehren versuchen.*«

Von dem Hotelangestellten erfuhr er, daß das Mädchen Fatma ein College für Fremdenverkehrswirtschaft besuchte, daß sie im Hotel vorübergehend ein Praktikum absolvierte und daß sie nicht leicht zu erobern sei. Zu Peters Erstaunen willigte das schöne Mädchen jedoch in das Rendezvous ein: Zur ersten Begegnung sollte es an dem Tag kommen, an dem der Österreicher von seiner Geschäftsreise in das Gebiet Kisii, wo die Specksteine ausgegraben und bearbeitet werden, zurückkehren wollte. In Kenia sind die Riesenentfernungen nur mit gewaltigem Zeitaufwand zu überwinden. Da die Straßen teilweise miserabel sind, weiß man nie genau, wie lange eine Fahrt ins Landesinnere dauert. Aber Peter beeilte sich und war am Tag des vereinbarten Rendezvous auch tatsächlich zurück in Nairobi.

Bloß: Er hatte vergessen, in welchem Hotel sie sich treffen wollten. Woran, wie er glaubt, sein miserables Englisch schuld war. Er meinte sich zu erinnern, daß sie im »Sixty-Eight«-Hotel verabredet waren. Dort ging er hin, setzte sich ins Café und wartete. Niemand kam. Denn das Mädchen Fatma saß indessen im »New-Stanley«-Hotel. Und wartete dort gleichfalls vergebens. Nach einer halben Stunde verließen beide ihr Hotel und traten auf die Straße. Was passierte? Sie trafen kurze Zeit später im Menschengewühl aufeinander. Peter nahm es als Fügung: »*Mitten am Nachmittag. In den Menschenmassen und in*

dem Verkehrschaos finden wir trotzdem zusammen! Ich müßte eigentlich sagen, es war von Gott so gewollt!«
Für Fatma jedenfalls war es der Wille Allahs. Sie kamen also doch noch zu ihrem Kaffee. Die Unterhaltung kann nicht berauschend gewesen sein, denn Peter spricht kaum Englisch, Fatma nur wenig Deutsch. Dennoch beschlossen sie, auch am Abend miteinander essen zu gehen. Er holte sie vom College ab, sie nahm eine Freundin als Anstandsdame mit. Mehr und mehr war Peter von Fatmas Schönheit und Liebreiz gefesselt.
Peter machte eine entscheidende Erfahrung: »*Normalerweise sind die afrikanischen Mädchen sehr zugänglich, auch die moslemischen. Aber zu Fatmas religiöser Erziehung kommt noch die strenge somalische Stammestradition dazu. So eine Frau kannst du fast nicht erobern!*« Er spürte sehr bald: »*Wenn du sie dennoch gewinnen willst, brauchst du sehr viel Verständnis für ihre Zurückhaltung und ihr Schamgefühl. Sonst hast du keine Chance.*«
Allmählich lernte er das außergewöhnliche Mädchen Fatma Hussein jedoch näher kennen. Sie war zum Zeitpunkt des ersten Treffens gerade zwanzig Jahre alt und absolvierte ihr letztes Jahr am Fremdenverkehrscollege. Sie war in der Schule in allen Gegenständen die Beste, hatte überall nur ausgezeichnete Noten. Peter begann, sie regelmäßig von der Schule abzuholen. Mit ihrer Freundin zusammen gingen sie des öfteren in Restaurants. »*Am Ende der ersten Woche habe ich sie zum ersten Mal auf die Wange geküßt.*«
Kurz vor seinem Abflug führte er sie noch im Nationalpark von Nairobi spazieren. Dann mußte er zum Flugzeug. »*Im August komme ich wieder!*«, prophezeite er. »*Ich glaube, ich hatte da schon ihr Vertrauen gewonnen.*« Auf seinem Rückflug nach Österreich war Peter auf ungewohnte Weise vollkommen glücklich.
Zurück in Österreich, war er mit »tausend Problemen« konfrontiert. Einerseits war er glücklich: »*Ich war verliebt*

bis über beide Ohren. So ein wunderschönes Mädchen, wahrscheinlich das schönste Mädchen Nairobis.« Andererseits plagten ihn Zweifel: »*Die vielen Angebote, die sie in den letzten Jahren bekommen hatte. Die reichsten und schönsten Afrikaner haben um sie angehalten. Dagegen ich: Ich hab' um zehn Kilo zuviel, hab' ein Bäucherl und bin nicht eben der Schönste.«* Peter war verunsichert: »*Ich kann bis heute nicht verstehen, warum sie zu mir gekommen ist.«*
Hinzu kam noch, daß Peter in Klagenfurt mit einer lieben Freundin zusammenlebte. Peter: »*Eine schöne Frau, intelligent und fleißig. Auch so eine Frau kriegt man kein zweites Mal.«* Diese Freundin arbeitete in der Firma, die sie gemeinsam gegründet hatten. »*Ich hatte mit ihr eine wunderbare Partnerschaft, so daß ich nicht wußte, welchen Weg ich einschlagen sollte.«* Er überlegte, Fatma als Au-pair-Mädchen nach Österreich zu holen, sie in einem Fremdenverkehrsbetrieb unterzubringen oder sogar, sie als Tochter zu adoptieren. Peter im Hin und Her der Gefühle: »*Ich hab eineinhalb Jahre nicht gewußt, was ich tun soll.«* Er dachte an seinen Vater und seine Mutter, zwischen denen ein Altersunterschied von einundvierzig Jahren bestanden hatte. Immer öfter kam ihm der Gedanke: »*Vielleicht brauch' auch ich eine Partnerin, die ich fast so behandeln kann, als wäre sie meine Tochter.«* Immer intensiver setzte er sich mit seinem Vater auseinander, zahlreiche Charaktereigenschaften fielen ihm ein, die er mit ihm teilt. Immer stärker beschäftigte er sich mit seinen Wurzeln:
Peters Vater kam 1888 als Sohn eines Bergmanns in Hüttenberg in Kärnten zur Welt. Seine Mutter, Peters Großmutter, starb, als er drei Jahre alt war. Peters Vater wuchs mit seinen vier Geschwistern bei seinem Vater auf, mit vierzehn Jahren gab es für ihn nur die Wahl, entweder Knecht oder Bergmann zu werden. Er wollte keines von beiden, sondern zog es vor, Spengler zu werden. Im Er-

sten Weltkrieg lernte Peters Vater beim Militär in Graz zum Handwerk des Spenglers noch das des Elektrikers dazu. Nach dem Krieg fing er an, kleine Kraftwerke zu bauen. Er gründete eine eigene Elektrofirma, die in besten Zeiten bis zu dreißig Leute beschäftigte. Die erste Ehe von Peters Vater blieb kinderlos, 1951 starb die Frau, der Vater heiratete seine Hausköchin, die Peters Mutter wurde.
Als Peter als zweites von fünf Kindern zur Welt kam, war sein Vater schon fünfundsechzig Jahre alt. Peter glaubt, sein Naturell von ihm geerbt zu haben: das kaufmännische Talent, die schnelle Entscheidungskraft, die Lebenslust und die Ausgeglichenheit. »*Ich hab' siebzig Prozent des Blutes vom Vater in mir. Meine Mutter sagt mir, daß er so war wie ich. Wenn es damals schon Flugzeuge gegeben hätte, wär' auch er öfters fort gewesen.*«
Peter war sieben Jahre alt, als der Vater starb. Peters Mutter heiratete noch einmal: einen Arbeiter, der in der Elektrofirma von Peters Vater beschäftigt war. Durch diese Ehe bekam Peter noch fünf Geschwister dazu, zusammen waren sie nun also zehn Kinder. Voll Liebe, fast mit wehmütiger Andacht, erinnert sich Peter an den mühevollen Alltag seiner Mutter. Seine Jugendzeit verlief gefühlvoll, doch auch stürmisch.
Die Elektrofirma des Vaters erbten die fünf Kinder des Stiefvaters nach dessen Tod. Aber auch Peter erlernte einen Beruf: »*Ich hab' mit Ach und Krach vier Lehrstellen gemacht. Auch beim Stiefvater hab' ich gelernt. Mathematik und der Beruf des Kaufmanns faszinierten mich. Ich bin aber froh, daß ich keine Matura gemacht hab', denn dann hätte ich mit Sicherheit Mathematik studiert und wäre irgendwo ein Fachidiot geworden. So aber bin ich ein Mensch, der in jeder Situation zurechtkommt.*«
Nur mit seiner ersten Ehe mochte es nicht so recht klappen: Er war einundzwanzig und, wie er meint, »*selber noch ein Kind*«, als er heiratete. Nach dreizehn Jahren erfolgte die Scheidung: »*Wir waren zu jung. Die Fehler sind*

wahrscheinlich auf vielen Seiten gleichzeitig passiert. Ich war aber bemüht, zu unseren beiden Buben einen guten Kontakt zu haben.«

Schon gegen Ende seiner Ehe lernte Peter Hammerer seine nächste Freundin kennen, mit der er seine Heizungsfirma aufbaute. Mit dieser Frau verstand er sich fabelhaft, und mit ihr war er immer noch zusammen, als er die Kenianerin Fatma Hussein kennenlernte.

Im Juni 1993, nach seinem letzten Keniabesuch, war Peters Verwirrung jedenfalls »riesig«. Lange Zeit wußte der sonst so entscheidungsfreudige Kärntner nicht, was er tun sollte: *»Das kann nur jemand verstehen, der einmal in derselben Situation gewesen ist.«*

Noch dazu kam er in einem Moment nach Hause zurück, in dem er auch finanzielle Probleme mit der Firma hatte. Nichts konnte ihn jedoch abhalten, wie versprochen im August '93 wieder nach Kenia zu fliegen. Dort machte er sich sofort auf die Suche nach Fatma, von der er nur die Adresse ihres Colleges wußte. Auf die Hilfe seiner zahlreichen Freunde konnte er jetzt nicht mehr bauen, denn niemand sollte von seiner Beziehung zu diesem somalischen Mädchen wissen, und wahrscheinlich hätten ihm alle nur abgeraten. Auch wollte er Fatma nicht kompromittieren.

Endlich bekam Peter heraus, daß dieser Tag der letzte Schultag war, den die Schüler auf einem Sportfest verbrachten. Mit dem Taxi eilte er zum Sportstadion, in dem sich mindestens zweitausend Leute befanden, darunter die gesamte Politprominenz des Landes. Peter war am Verzweifeln, er hatte damals auch noch die typischen Probleme eines Weißen, die er heute nicht mehr hat: *»Anfangs schauen alle schwarzen Gesichter gleich aus.«* Aber er gab nicht auf. Und wieder half ihm der Zufall. Oder war es Allah? Jedenfalls gab Peter einem Studenten zwanzig Kenia-Schilling und schrieb den Namen Fatmas auf einen Zettel. Zehn Minuten später stand sie vor ihm! Fatma war im

College nämlich so beliebt, daß alle fünfhundert Schüler sie kannten.
Nach und nach erfuhr Peter die Geschichte der Familie Hussein. Und fühlte sich reich beschenkt: »*Die Gelegenheit, eine somalische Familie näher kennenzulernen, die kriegt sonst kein Weißer auf der Welt.*« Fatmas Familie lebt abgeschieden, geradezu abgekapselt, im vierhundert Kilometer von Nairobi entfernten Ort Maralal. Fotos der Familie zeigen überaus schlanke, hochgewachsene Menschen, die sehr zart wirken. Die Gesichter, gleichmäßig dunkelbraun, weisen feine Züge auf.
Peter Hammerer erzählt: »*Der Lebensweg von Fatmas Vater ist schwer zurückzuverfolgen. Es sind keine Urkunden vorhanden, nicht einmal Geburtsdaten. Nach allem, was ich weiß, ist Fatmas Vater in Somalia geboren, mußte aber mit fünf Jahren infolge von Krieg und Grenzverschiebungen nach Äthiopien übersiedeln. Fatmas Mutter muß schon in Äthiopien geboren worden sein. Sie muß, meinen Schätzungen nach, sechzehn Jahre alt gewesen sein, als sie geheiratet hat. Ihr erstes Kind war Fatma, zehn weitere folgten. Der Bruder des Vaters zog später nach Kenia weiter.*«
Auch Fatmas Vater suchte Arbeit in Kenia. Die Somalis bekamen immer die besseren Jobs. Sie haben meist eine gute Ausbildung und gelten als fleißig und tüchtig. Die Mutter kam mit den Kindern etwas später nach. Nur die hundert Rinder blieben in Äthiopien bei der Großmutter zurück, und immer, wenn die Familie in Kenia Geld brauchte, wurden zwei, drei Rinder verkauft, als Zubuße für den Lebensunterhalt. Fatma konnte gute Schulen besuchen.
Das Foto von Fatmas Vater zeigt einen sehr schlanken, sehr aufrechten Mann mit markantem schmalem, fast versteintertem Gesicht. In jungen Jahren war er geachtet und gefürchtet zugleich. Trotz seiner mageren Erscheinung muß er immens zäh und stark gewesen sein. Die Familienchronik erzählt, daß er, nur mit einem Speer bewaffnet,

allein zwanzig Löwen gebändigt habe. Er soll kein Gewehr gebraucht haben, wenn ein Löwe über seine Rinder herfallen wollte.

Je öfter Peter jetzt mit Fatma über deren Eltern spricht, um so mehr denkt er auch über seine eigene Familie nach. Er fühlt sich seinen Eltern immer ähnlicher werden. Die Verantwortung, die er dem um einundzwanzig Jahre jüngeren afrikanischen Mädchen gegenüber empfindet, meint er schon der Mutter gegenüber empfunden zu haben. Der Gedanke setzt sich fest, Fatma und ihrer Familie zu einem besseren Leben verhelfen zu wollen. In der Erinnerung an seinen eigenen Vater findet er immer deutlichere Rechtfertigung für sein Tun. Allein die Tatsache, daß ihn sein Zusammensein mit Fatma immer intensiver zu seinen eigenen Wurzeln zurückführt, erscheint ihm als glücklicher Wink des Schicksals. Fatma löst in ihm edelste Gedanken, Gefühle und Erinnerungen aus. Das Zusammensein mit ihr bekommt so für ihn einen höheren Sinn. Voll Bedeutung und zwingender Notwendigkeit.

Der Kärtner konnte also gar nicht anders, als seine Liebesangelegenheit in Kenia mutig voranzutreiben. Er war Feuer und Flamme. Eifrig überredete er Fatma, einmal aus Nairobi raus an die Küste Kenias mitzufahren, wo er im Hotel eines Freundes ein kleines Souvenirgeschäft besaß. Fatma kam mit. Insgeheim dachte Peter da schon: »*Zwei Nächte, immerhin. Mal sehen, was sich ergibt.*« Gleichzeitig war er aber sicher, sein Hingezogensein zu Fatma habe »*am allerwenigsten mit Sex zu tun gehabt.*«

Bis spät in die Nacht saßen sie in der Diskothek des Hotels. Fatma tanzte, Peter sah völlig hingerissen zu: »*Das Singen und Tanzen ist so lieb bei der Fatma. Typisch afrikanisch. Ich tanz' nur ein wenig, denn ich bring' den Rhythmus nicht zusammen. Ich laß' ihr die Freiheit zum Tanzen und schau' ihr gerne dabei zu.*« Längst mußte er sich eingestehen, daß Fatma für ihn nicht nur als schutzbefohlene

»Tochter«, sondern als erwachsene Frau *»etwas vollkommen Neues, Faszinierendes«* war.
An ihre erste gemeinsame Nacht in Mombasa wird er sich wohl immer erinnern: *»Als Fatma aus dem Bad herauskam, hat sie mehr angehabt als zuvor. Sie war vermummt, als wollte sie Ski fahren gehen. Aber es war ohnedies schon so spät. Da ich bei Fatma nicht auf bloßen Sex aus war, bin ich nicht enttäuscht gewesen. Ich dachte mir immer, wir haben dazu ja noch unendlich viel Zeit. In der nächsten Nacht habe ich sie jedoch überrascht und zumindest ihren Oberkörper nackt gesehen. Es wurde so eine liebe, reizende Nacht. Allein die Berührung und die Haut der Afrikanerinnen...! Wenn sie mich berührt, ist das wie ein Blitz. Auch das ist ein Unterschied zu den Europäerinnen.«*
Peter mußte wieder nach Hause, kam aber bereits im Oktober 1993 das nächste Mal nach Nairobi und erlebt schon am Flugplatz etwas, für ihn Einzigartiges: *»Fatma begrüßte mich mit einem Blumenstrauß! Das ist so was Schönes, wenn man von einer Frau Blumen kriegt. Da liegt so viel Kultur und Aufmerksamkeit drin, die wir Europäer einfach nicht mehr haben.«* Dazu kommt, daß er sich als Kaufmann sofort ausgerechnet hatte: *»Sie verdient doch fast gar nichts. Sie muß die Blumen von ihrem letzten Geld gekauft haben, mit dem sie gut und gern dreimal hätte essen gehen können. Das hat mich irrsinnig gerührt.«*
November 1993, zurück in Klagenfurt. Peter Hammerers finanzielle Probleme waren noch größer geworden. Das Geld wurde knapp. Trotz allem Unangenehmen sah er aber gerade jetzt die Gelegenheit, reinen Tisch zu machen. Mit viel Mühe und Einsatz regelte er seine finanziellen Probleme und gründete zusammen mit seiner Freundin Amanda eine Ges.m.b.H., in der die Freundin Geschäftsführerin wurde. Peter: *»Ich brauch' nicht viel, nur einen Koffer, ein Bett und einen Kasten.«* In Gedanken war er ohnehin schon wieder in Kenia, zumal er wußte, daß inzwi-

schen in Nairobi die Freunde Fatma zuredeten: »*Das Warten hast du nicht nötig. Was willst du mit diesem Peter? Du kriegst in Nairobi jeden Mann, den du willst.*« Peter wußte, daß ein großer Druck auf ihr lastete. Doch er hatte offen zu ihr gesagt: »*Fatma, ich muß erst in Österreich alles zu Ende führen. Ich schau', daß du in Österreich eine Stellung bekommst, ich werde für dich sorgen. Bitte, vertrau' mir.*«
Nachdem er in Klagenfurt seine Finanzen geregelt hatte, fuhr er erst wieder im Juni 1994 nach Nairobi. Fatma, die er nun schon ein Jahr lang kannte, hatte bereits einen Job. Doch schon bei der Begrüßung zeigte sich, daß sie die ganze Zeit nur auf ihn gewartet hatte. Peter: »*Von da ab wußten wir, sie gehört zu mir und ich zu ihr.*« Während er noch zögerte und keine genaue Vorstellung von diesem Zusammensein hatte, war sie bereits zu allem entschlossen. »*Sie sagte mir, ich muß nach Hause kommen, um ihre Eltern kennenzulernen. Ich wußte, daß ihr Vater ihr erlaubte, jeden nach Hause zu bringen, den sie wollte, sofern er Moslem war.*« Doch für Peter war das kein Problem, er hatte sich ohnehin längst mit dem Gedanken angefreundet, zum Islam überzutreten.
So machten sie sich auf den Weg, Fatmas Eltern im vierhundert Kilometer entfernten Maralal zu besuchen. Peter: »*Die Entfernungen in Kenia kann man gar nicht schildern. Die halbe Strecke existiert nur als Sandpiste. Wir hatten Unmengen für die Geschwister eingekauft, Hosen für die Buben, Kleider für die Mädchen, Gemüse, Obst, Zucker. Ich glaube, wir hatten über vierhundert Kilo Last im Auto, die bei den Schlaglöchern ordentlich rumpelten.*«
Nach der Ankunft nahm Peter ein Zimmer in einem kleinen Hotel im Ort. Fatma ging zu den Eltern voraus und bat ihn, erst wenn es dunkel war, nachzukommen, »*damit die Leute den weißen Mann nicht sehen*«. Um halb acht folgte Peter ins Haus der Familie. Was er zu sehen bekam, gefiel ihm sehr: »*Afrikanische Hüttenverhältnisse. Sehr sauber und gepflegt, aber klein und primitiv. Mit der Mutter*

war ich gleich auf einer Wellenlänge. Wir sind so nah nebeneinander gesessen, daß wir uns Bein an Bein berührt haben. Es war eine einzige Woge der Sympathie. Ich hatte zum erstenmal den Eindruck, siehst du, das ist eine Schwiegermutter, der brauchst du nicht irgendwas vorzumachen, was du kannst und was du bist. Die hat dich einfach gern, so wie du bist.« Peter spricht aus Erfahrung: »*Denn die Schwiegermutter war bei allen meinen bisherigen Beziehungen auch ein Problem.«*

In dieser Hütte im Norden von Kenia saß Peter und rauchte und redete. Es war für ihn sowohl ethnisch als auch ethisch ein erhebendes Gefühl. Ethnisch-völkerkundlich, weil nicht viele Weiße die Gelegenheit haben, von einer somalischen Familie aufgenommen zu werden. Und ethisch-moralisch, weil Peter zum erstenmal seit seiner Kindheit wieder erfuhr, was Familie bedeuten kann. Angesichts der harmonischen patriarchalischen Ordnung fühlte Peter Ur-Instinkte in sich wach werden. In seiner Ehe und während seiner anschließenden siebenjährigen Partnerschaft hatte er diese Instinkte nicht mehr gespürt. Er hatte im Erwachsenenalter noch nie diese Harmonie, Liebe und Geschlossenheit einer Gruppe von Menschen empfunden. Er fühlte sich geborgen und seelenverwandt. Solch ein Familienleben hätte auch er immer gerne geführt. Er war selig und auf archaische Weise bei sich selber zu Hause: »*Fatmas Vater sprach sehr wenig. Jedoch war zu erkennen, daß er trotzdem die ganze Familie im Griff hatte. Zehn Kinder auf engstem Raum. Wie die folgten, wie die brav waren! Faszinierend, lieb, höflich, herzlich. Da hab' ich mir geschworen, ich spiele mit keiner Frau mehr falsch. Ich muß mich aufrichtig entscheiden.«*

Nach dem Besuch lud Peter die Familie ins Hotel zum Abendessen ein. Nur die Mutter und die Kinder kamen mit. Der Vater blieb zu Hause, was Peter verstehen konnte: »*Er hat sich mit dem weißen Mann nicht zeigen wollen. Er hatte Hemmungen.«* Zu diesem Zeitpunkt hätte Peter noch abspringen können. Der offizielle Besuch bei Fatmas Eltern war für ihn noch nicht der verbindliche Heiratsantrag. Doch etwas zog ihn unaufhaltsam immer inniger zu Fatma hin. Nachdem er die wunderbare Harmonie in ihrer Familie erlebt hatte, stand für ihn fest, daß er genau das in seinem Leben immer gesucht hatte: »*So wie die Mutter sich in der Familie bewegt, so bewegt sich auch die Tochter. Emanzipation hin oder her. Die Mutter prägt die ganze Familie. Alles, was ich will, ist eine ehrliche Partnerschaft. Ich sehe doch überall, daß das heute bei uns in Europa nicht mehr funktioniert. Grob ist der Umgangston. Jeder schreit. Mich ergriff eine große Sehnsucht nach menschlicher Harmonie. Und ich sah zum erstenmal, daß sie auch möglich ist.*« Mit einem Wort: »*Ich bin gefühlvoll, sensibel und schnell entschieden. Wir beschlossen, daß Fatma die Hochzeit vorbereitet. Im Juli, wenn ich wiederkam, sollte gerheiratet werden. Nach meiner Rückkehr nach Österreich spielte ich keine Spielchen mehr. Ich sagte meiner langjährigen Freundin: Nächsten Monat heirate ich in Afrika. Sie war verzweifelt, aber ich war fest entschlossen. Warum mich keine Europäerin mehr faszinieren konnte? Ich weiß es nicht. Wahrscheinlich aber ist eines: Fatma liebt mich sehr. Und sie zeigt ihre Liebe besser als jede Europäerin. Jede Minute. Jeden Tag. Eine Europäerin kann das, nach meiner Erfahrung, nicht mehr so zeigen. Die Hochzeit mit meiner österreichischen Partnerin haben wir immer wieder hinausgeschoben, einmal ich, einmal sie. Was war der Unterschied zu Fatma? Ich frage mich das tausendmal. Rein äußerlich gab es keinen. Auch meine österreichische Freundin war schön, attraktiv, gescheit, faszinierend. Und sie war jung, neunundzwanzig. Wir haben eine intensive Partnerschaft geführt. Aber: Im Mittelpunkt unseres Zusammenseins stand das Materielle. Sie hat ein Kind und wollte kein weiteres haben. Bis zum Tod hätten wir nichts anderes gehabt als die gemeinsame Firma und das gute Leben, das Materielle. Nichts Seelisches mehr. Und*

beide hatten wir bereits eine Psychogeschichte hinter uns. Jeder die seine. Beide waren wir mit unserer ersten Beziehung gescheitert und hatten in unsere zweite die Enttäuschungen der ersten mit hinein geschleppt. Allein, was wir mit den Kindern mitgemacht haben! Mit meinem großen Sohn war es nach der Scheidung schwierig. Er konnte die neue Freundin nicht leiden, weil sie, wie er meinte, schuld daran war, daß ich mich von seiner Mutter getrennt hatte. Er sah sie als Diebin an, er mochte sie nicht, während er von Fatma sofort begeistert war. Ohne Vorbehalt. Alles ist eben neu. Wir beginnen bei null. Fatma ist die geborene Mutter, und wir wollen eine Familie gründen, Kinder haben. Und Fatma ist mir der Garant, daß es diesmal wesentlich besser klappt als mit meiner ersten Frau. Warum? Wegen ihrer innigen Beziehung zur Religion. Ich möchte eine moslemische Familie.«
Der Kärntner Heizungstechniker Peter Hammerer, der als Kind begeisterter Ministrant war, ist zum Islam übergetreten. Auch diese Entscheidung war für den risikofreudigen Unternehmer schnell getroffen: »*Ich hab' die Religion längst nicht mehr so ernst genommen, wie es ihr gebührt. Obwohl ich ein guter Freund des Pfarrers war, fühlte ich mich als schlechter Christ. Ich ging nicht mehr in die Kirche. Bis ich eines Tages im Fernsehen eine Diskussion hörte, an der ein Universitätsprofessor teilnahm, der sieben Jahre zuvor zum Islam übergetreten war. Sein Buch »Die Suche nach dem verlorenen Sohn« wurde vorgestellt. »Es stellte sich heraus, daß dieser Professor Kärntner war und mir als Student einst in Englisch Nachhilfe gegeben hatte.«* Peter Hammerer beschloß: »*Dem trage ich mein Problem vor. Ich hab' diesen ehemaligen Freund in München getroffen. Wir sprachen lange, und abschließend sagte er zu mir: ›Peter, du kommst in eine Situation ähnlich der des Propheten Mohammed. Diese Gelegenheit hat niemand auf der Welt. Tu das! Und wenn ein Korangelehrter zu dir sagt, du machst etwas falsch, dann sag ihm: »Sie haben zwanzig Jahre ge-*

braucht, ehe Sie alles wußten. Auch ich habe das Recht, zwanzig Jahre zu brauchen, um zu verstehen.« Fürchte dich nicht, schön langsam wirst du alles begreifen!‹«
Und so fuhr Peter, bereit zum Übertritt, im Juli 1994 nach Nairobi. Wieder empfing Fatma ihn mit Blumen, diesmal aber auch mit einer komplett fertigen Hochzeitsvorbereitung. Peter kam wieder einmal aus dem Staunen nicht heraus: *»Faszinierend, wie diese Frau mich noch übertrifft. Ich bin ein guter Manager. Aber Fatma ist noch besser. Sie hatte die Hochzeitseinladungen drucken lassen und zeigte sie mir sofort. Ich sah, daß sie mir auch einen islamischen Namen gegeben hatte: Mohammed Yassin.«*
Peter wurde alsogleich zum Scheich in die Moschee geführt. Es war Freitag, heiliger Feiertag, Tausende Leute waren in der Moschee. Auch der Präsident von Pakistan war zu Besuch. Peter und seine Begleiter gelangten ins Büro. Fatma und ihre Freundin mußten sich in einen Winkel setzen, denn Heiraten ist im Islam offenbar Männersache. Peter wurde geprüft. Er antwortete in seinem schlechten Englisch das Wenige, das er aus den Büchern gelernt hatte. Dann wollte der heilige Mann etwas wissen, worauf Peter keine Antwort wußte. Statt dessen sagte er: *»Sie haben zwanzig Jahre gelernt, lassen Sie mich auch zwanzig Jahre lernen.«* Damit war der Scheich einverstanden, und Peter unterschrieb den Übertritt.
Auch der Ehevertrag, der ihm vorgelegt wurde, ist eine rein geschäftliche Angelegenheit. Schriftlich wurde festgelegt, daß Peter Hammerer im Fall der Scheidung an Fatma Hussein 100.000 österreichische Schilling zahlen muß, damit sie versorgt ist. So einfach ist das. Peter wußte mittlerweile schon: *»Im Islam ist vorehelicher Geschlechtsverkehr ausgeschlossen, hingegen geht man davon aus, daß in einer Ehe einiges schieflaufen kann und man sich deshalb leichter scheiden lassen können muß.«*
Nach dem Vertrag in der Moschee kam es zum eigentlichen privaten Hochzeitsfest mit Verwandten und Freun-

den im Hotel »Intercontinental«. Hundertfünfzig Leute waren da. Peter hätte gerne im Dorf bei Fatmas Eltern geheiratet, doch Fatma hatte anders entschieden und das Fest in der Hauptstadt Nairobi arrangiert. Alle ihre Brüder waren da. Nur Fatmas Vater nicht, er ließ sich durch einen Cousin vertreten.
Alles hat Peter gefallen. »*Alles war bereit und bestens organisiert. Fatmas Freundinnen hatten ihr geholfen. Hundertmal hab' ich ihr hinterher sagen müssen, daß sie alles traumhaft gemeistert hatte.*« Fatma trug ein wunderschönes weißes Brautkleid. Die Bilder zeigen eine glückliche, strahlende Braut: Fatmas schmales, kaffeebraunes Gesicht, vom weißen Spitzenschleier umrahmt.
Nach dem ausgiebigen Hochzeitsmahl wurden die Frischvermählten ins Zimmer begleitet. Peter dachte damals: »*Sicher erwarten alle, daß wir jetzt eine tolle Hochzeitsnacht haben werden!*« Aber so war es nicht: Peter war längst darauf vorbereitet, daß es eine Hochzeitsnacht im klassischen Sinn nicht geben würde. »*Wir hatten vereinbart, daß wir uns Zeit lassen werden.*« Denn was er zu diesem Zeitpunkt schon wußte: Fatmas Scham war beschnitten und zugenäht.
Als er erstmals davon erfahren hatte, war er empört und aufgeregt gewesen. »*Wie kann denn das heute noch möglich sein? Daß es das noch gibt! Auf der einen Seite Frauenminister, auf der anderen Seite Kulturen, die diese barbarischen Bräuche noch zulassen!*«
Jedes fünfte moslemische Mädchen lebt heute in einer Gemeinschaft, die den einen oder anderen Eingriff in seinen Genitalbereich gutheißt.
Ursprünglich scheint die Verstümmelung der weiblichen Genitalien eine Sitte aus dem steinzeitlichen Zentralafrika zu sein, die dann nordwärts bis ins alte Ägypten populär wurde. Doch erst als im achten Jahrhundert die arabisch-moslemischen Armeen Ägypten eroberten, kam dieser Brauch parallel mit der Verbreitung der islamischen Leh-

re aus Afrika heraus bis in so entfernte Länder wie Pakistan und Indonesien.
Da andererseits manche Christen und die Anhänger einiger animistischer Religionen die genitale Beschneidung gleichfalls praktizieren, reagieren viele Moslems verstimmt, wenn dieses Ritual vor allem mit ihrem Glauben in Zusammenhang gebracht wird. Tatsächlich wird auch kein derartiger Brauch im Koran befürwortet. Die australische Journalistin Geraldine Brooks fand bei ihren Recherchen für das Buch »Die Töchter Allahs« nur heraus, daß sich die Moslems von der »Klitoridektomie« – dem Herausschneiden der Klitoris – und der »Infibulation« – dem Entfernen der Schamlippen und dem Verschluß der Wunde bis auf eine schmale Öffnung für Urin und Menstruationsblut – den Schutz der Keuschheit ihrer Töchter versprachen. Denn auf dieser Keuschheit ruhte die Ehre der Väter und Brüder dieser Mädchen.
Seit Jahrhunderten hat keine Religion Afrikas – auch nicht das Christentum – diese grausame Sitte hinterfragt.
Im Falle des somalischen Mädchens Fatma war es in ihrem siebenten Lebensjahr zu einer totalen genitalen Beschneidung und Verstümmelung gekommen.
Für gewöhnlich öffnet der Bräutigam die verwachsenen Nähte in der Hochzeitsnacht mit dem Messer.
Peter Hammerer hatte Fatma darauf schon vor der Hochzeit einmal angesprochen. Doch wie mit ihr über ein Thema reden, das für sie vollkommen tabu war? Sie hatte es abgestritten, beziehungsweise schamhaft abgelenkt: »*Vielleicht! Kann schon sein!*«, war ihre Antwort gewesen. Peter war aber nie ungehalten. Er wollte sich und ihr Zeit lassen, nichts überstürzen. Nach der Hochzeit brachte er Fatma nach Österreich mit und überredete sie, in Klagenfurt zu einer Frauenärztin zu gehen. Sie willigte zögernd ein. Die Frauenärztin ist eine gute Bekannte Peters, sie sagte ihm nach der Untersuchung: »*So was hab' ich noch nie gesehen. Ich kann es nicht operieren, wir haben in*

Österreich damit keine Erfahrung. Laß sie in Nairobi öffnen. Die wissen, wie das geht. Sie hat große Schmerzen, wenn ich nur mit dem Finger daran rühre.«

Peter heute, einige Monate nach der Hochzeit: »*Unser größter Stolz aber ist, daß wir das Problem schließlich ohne Krankenhaus und ohne Doktor gelöst haben. Wir haben gesagt, und wenn es ein Jahr dauert, diese Zeit nehmen wir uns. Durch unsere sanften Spielereien war es eines Nachts ohne Gewalt dann soweit, ganz von allein. Fatma war sehr stolz. Ihr Gesicht hatte bis dahin noch nie so gestrahlt. Sie war unheimlich glücklich.*«

Peter faßt zusammen: »*Was mich an Fatma so fasziniert, ist in erster Linie ihre Schönheit. Es gibt keine schönere Frau in ganz Afrika, nein, auf der ganzen Welt. Dann die Art, wie sie redet. Selbstsicher und direkt. Dazu ihre Persönlichkeit. Mit zweiundzwanzig Jahren ist sie kompromißlos und zielstrebig, sie weiß, was sie will. Ich bin selbst auch ziemlich selbstbewußt, kaum einer Frau gelang es bisher, mich zu übertreffen. Fatma aber übertrifft sogar mich. Und dabei ist sie sanft und charmant. Eine umwerfende Mischung.*

Und ihr Verhältnis zur Zeit. Auch da sind die Somalis wieder anders als die übrigen Afrikaner. Die meisten Schwarzen sind mir viel zu langsam. Das halt' ich nicht gut aus. Somalis aber sind eher wie Sizilianer, sie haben ein gesundes Verhältnis zur Zeit. Nicht zu langsam und nicht zu schnell. Gerade richtig.

Faszinierend ist auch Fatmas enorme Sauberkeit. Bei Mohammedanern wird fünfmal gebetet und fünfmal gewaschen. Ohne die hundert technischen Hilfsmittel, die wir haben, ohne Dusche, ohne Bidet sind sie hundertmal sauberer als wir.

Ich bewundere auch die Lebenseinstellung der Mohammedaner. Von früh bis spät sind sie auf Gesundheit bedacht und tun sehr viel, wofür wir überhaupt keine Zeit mehr haben. Ich hab' zum Beispiel einmal Kreuzweh gehabt, da hat

sie mich massiert. Sie beherrscht das perfekt, weil sie immer ihren Vater massiert hat. Der Körper ist für sie alles, in ihm lebt Gott. Ich habe mir mein Leben lang noch nie die Zunge geputzt. Jetzt hat Fatma mir gezeigt, wie das geht, und kontrolliert mich jeden Tag dreimal. Sie hat auch keinen einzigen kaputten Zahn. Schokolade ißt sie nicht, weil die schlecht für die Zähne ist. Ich glaube, daß wir in Europa in dieser Hinsicht ein völlig falsches Bild vom Islam haben.
Bei Fatma hab' ich wieder gelernt, was Kultur bedeutet, auch bei Meinungsverschiedenheiten. Das ist ziemlich ritualisiert. Der Mann muß der Gentleman sein. Wenn es Streit gegeben hat, muß er kommen und um Verzeihung bitten. Es gibt keinen anderen Weg. Das ist etwas Schönes. Fatma versöhnt sich dann auch sofort wieder mit mir.«
Peter Hammerer zieht ein Leben mit strikteren Geboten den allzu liberalen Freizügigkeiten vor, wenn er meint: *»Mit der islamischen Religion kann man ein Familienleben führen, wie es sich gehört. Was die Katholiken heute nicht mehr können. Meine Kinder werden die ersten Jahre sicher in Nairobi aufwachsen, um viel von diesen Werten mitzukriegen.«*
Der lustige Kärntner ist nicht der einzige, der sich auf die westliche Gesellschaft seinen negativen Reim gemacht hat. *»Mit den Kindern aus unserer Ehe werde ich die Probleme nicht haben, die ich mit meinen Kindern aus erster Ehe gehabt habe. Wenn die Kinder in unserer Gesellschaft Pech haben mit den Eltern, gehen sie unter. So wie bei uns die Religion untergeht, geht auch die Gesellschaft und mit ihr die Familie unter. Für ein richtiges Familienleben ist ein zentraler Glaube das wichtigste, etwa das gemeinsame Gebet. Darum sage ich, fünfmal am Tag muß die Familie zusammenkommen, um zu beten, also um etwas Gemeinsames zu tun. Fatma wird der Mittelpunkt der Familie sein, und auch ich werde ihr meinen ganzen Respekt zollen. Das bedeutet nicht, daß ich nicht Fatmas Emanzipation will. Als ich in Mombasa mit ihr ins Meer baden gehen wollte, sagte*

sie nein. Ich war damals in der moslemischen Lektüre noch nicht weit genug, um zu wissen, daß sie sich nicht zeigen darf. Dann hab' ich ihr erklärt: ›Du bist doch kein wildes Mädchen, wenn du mit mir baden gehst.‹ Seither zieht auch sie einen Badeanzug an. Sie ißt auch Rindfleisch, selbst wenn sie nicht weiß, von wem es geschlachtet wurde. Fatma will sich sicher von Zwängen befreien. Aber es darf kein Druck kommen. Sie muß es von selber tun.
Ich baue jetzt meinen Steineimport aus Nairobi aus. Fatma lernt Deutsch bei meiner Schwester in Wien. Sie wird den Führerschein machen, sie ist sicher eine gute Autofahrerin. Ich bin nicht der Typ, der Frauen einsperrt, und um Fatma brauche ich wegen ihrer Religiosität sowieso keine Angst zu haben. Auch sie ist eifersüchtig. Da ist Palermo nichts dagegen! Ich werde ihr jedoch alle Freiheit geben, ebenso wie ich es bei einer Europäerin tun würde. Sie wird eines Tages nach Nairobi mit einer Ausbildung zurückkommen, mit der sie blendend dasteht.«
Peter ist ein vielgereister, begeisterungsfähiger Zeitgenosse. Sein Tatendurst und sein Optimismus sind grenzenlos. Er weiß um sein originelles Naturell und hat für alles einen Scherz parat: »*Also, wenn diese Beziehung auch einmal schiefgeht, dann werd' ich Pfarrer – die Religion such' ich mir dann noch aus.*« □

»Die Europäer lieben sich viel zu selten.«

CHRIS LOHNER UND DER JAMAIKANER LANCE LUMSDEN

Chris Lohner, attraktiv, elegant, professionell, ist der Darling unter Österreichs Fernsehsprecherinnen. Sie ist das, was man heutzutage eine »starke Frau« nennt. Erfolgreich im Beruf und, obwohl jenseits der Lebensmitte, überaus anziehend und begehrenswert. Sie ist Jahrgang 1943 und käme nicht auf die Idee, ihr Alter zu verheimlichen. Keine Midlife-Crisis, keine Einbrüche in ihr weibliches Selbstbewußtsein. Nach der Matura in Wien hat sie ein Jahr im US-Bundesstaat Michigan studiert und nach dem amerikanischen High-School-Abschluß ein Schauspielstudium begonnen, das sie nach ihrer Rückkehr in ihre Heimatstadt beendete. Ihr Studium finanzierte sie durch erste Auftritte als Fotomodell. Sieben Jahre internationale Modeltätigkeit und erste Fernsehrollen folgten. Ab 1973 wurde sie als Sprecherin beim Österreichischen Fernsehen ORF engagiert.

Chris Lohner blieb aber nicht nur »Ansagerin«, sie hat sich nebenbei auch als Schauspielerin, Kabarettistin und schlagfertige Moderatorin zahlreicher Galas und Charity-Events in Szene gesetzt.

Seit 1980 lebt die muntere TV-Lady mit dem aus Jamaika stammenden Tennisspieler und Zeitungsmacher Lance Lumsden zusammen, der mit neunzehn Jahren seine karibische Insel verließ, um in Europa Tennis zu spielen. Nach Österreich kam er als Trainer eines Tennisclubs, blieb dann aber – einer Meniskusoperation und der Liebe wegen. Mit vierunddreißig heiratete er – eine geborene Niederösterreicherin, mit der er zwei Söhne hat: Marco, der in der Redaktion seines Vaters werkt, und Robin, der unter Vaters Führung Profitennisspieler wird. Als Musikliebhaber schrieb Lance Lumsden zuerst eine Musikseite für die »Kronen Zeitung«, gründete dann aber die Zeitschrift »Music man«. 1982 initiierte er mit der Sportanimation »Happy Tennis« im Fernsehen einen wahren Tennisboom, verkaufte »Music Man« an die Zeitungsgruppe »Mediaprint« und gründete 1993 seine Tenniszeitung »Happy Tennis«. Er lebt mit Chris am Stadtrand von Wien.

Lance Lumsden hält die Ausländerfeindlichkeit der Österreicher für »natürlich«. Auch er wurde nicht selten mit den üblichen Beschimpfungen bedacht. Auf beleidigende Bemerkungen der lieben Inländer reagiert der kaffeebraune Jamaikaner jedoch mit Humor. Aggressive Gegenwehr hält er für kontraproduktiv: *»Ich meine, daß auch Ausländer sich bemühen sollten, diese Ängste der Österreicher zu widerlegen. Die Ausländerfeindlichkeit enspringt doch sehr häufig nur einer Ängstlichkeit. Ich verstehe das und versuche, dem mit Humor zu begegnen. Oft wirkt dabei der Überraschungseffekt. Sie erwarten, daß ich aggressiv werde. Ich aber mache sie stutzig. Manchmal bekommen sie dann ein schlechtes Gewissen.«*

Chris reagiert auf rassistische Beleidigungen oft zorniger als er. Aber auch sie versucht, mit Witz erzieherisch zu wirken. *»Sagt einer zu ihm: ›Bist du aber braun, warst' im Urlaub?‹, frag' ich ihn zurück: ›Und du bist so weiß, weil du im Häfn warst, gell?‹«* Aus ihren Erfahrungen hat sie sich eine Theorie zurechtgelegt, warum den Schwarzen, sobald sie als Manager auftreten, soviel Mißtrauen, Überheblichkeit und Ablehnung entgegenschlägt. Sie meint: *»Solange* *ein Schwarzer auf der Bühne steht, ist das Publikum entzückt. Aber sobald er von der Bühne herunterkommt und vielleicht anfängt, Geschäfte zu machen, Anwalt oder Unternehmer zu sein, dann gehen alle auf Distanz. Man verweist die Schwarzen gerne auf die Plätze des Entertainments und des Showbusiness, aber wenn einer von ihnen Geschäftsmann werden will, ist das für ihn nicht leicht. Es ist das genau so ein Klischee, wie: Die Frauen gehören in die Küche. Außerdem herrscht die Angst, die Schwarzen nehmen den Weißen die Frauen weg.«*

Wie also war es bei Chris Lohner, als ein schwarzer Mann sie einem Österreicher wegnahm?

Chris Lohner: »*Ich habe in Lance sicher nur den Menschen gesehen. Seine Hautfarbe habe ich nie beachtet, sie war nicht ausschlaggebend. Die steht für mich auch heute nicht im Vordergrund. Er ist ein fescher Mann, und er war damals sehr charmant und faszinierend. Er war ja nicht der erste schwarze Mann in meinem Leben, mit dem ich mehr als fünf Sätze geredet habe...«*

Lance Lumsden: »*Aber ich war doch der erste Schwarze, der dich eingeladen hat auf ein Wienerwald-Hendl, oder?«*

Chris Lohner: »*Nein, ernsthaft: Ich bin nach dem Schulabschluß hier in Michigan, in Amerika, in die Schule gegangen und war dort mit Asiaten, Schwarzen, Indianern in der Klasse, hab' mit neunzehn in Amerika ein zweites Mal den High-School-Abschluß gemacht. Und habe später als Model erst recht mit Menschen unterschiedlichster Kulturen zu tun gehabt. Nein, die Hautfarbe war mir egal. Mir hat in erster Linie seine Fröhlichkeit gefallen, seine Unkompliziertheit – wie es anfangs zumindest schien. Er war gesund, erdverbunden, nicht neurotisch. Mein Busch-Baby eben. Er ist ein Jahr hinter mir her gewesen, und ich hab' nein gesagt. Weil er verheiratet war. Wir haben uns auf einer Sportgala kennengelernt, beim Buffet hat er zu mir gesagt: ›We should get together!‹ Ich hab' darauf geantwortet: ›I don't mix with married men.‹ Darauf er: ›Who says, I want to marry?‹*

Und ich: ›Who says, I don't?‹, und das war's dann. Darauf haben wir uns lange nicht mehr gesehen. Dann hat er im English Theatre gespielt. Ich war mit einer Freundin dort, die in der Pause zu mir sagte: ›Du, der schaut mich die ganze Zeit an.‹ Ich hab' nichts darauf gesagt, jedoch den Eindruck gehabt, daß er dauernd mich angeschaut hat. So haben sich unsere Wege immer wieder gekreuzt. Bis zu dem Tag, als er mich zum ersten Mal im Rundfunk in der Kantine treffen wollte. Das war sehr komisch. Alle meine Kollegen sind zu dem Rendezvous mitgekommen. Sie meinten. ›Wir müssen auf unsere Chris aufpassen, damit ihr nichts geschieht.‹ Vielleicht weil Lance schwarz war oder weil er schon den Ruf eines Casanova hatte, ich weiß nicht. Jedenfalls haben sie sich alle an den Nebentisch gesetzt und uns beobachtet.«

Lance Lumsden: *»Die waren einfach eifersüchtig, weil sie wissen, daß ein schwarzer Mann immer siegt! Es ist ein Mythos, daß wir Schwarzen erotischer und potenter sind, aber es ist an dem Mythos was dran.«*

Chris Lohner: *»Gib nicht so an! Es ist nicht immer einfach in Österreich, mit einem Schwarzen zusammenzuleben. Oft und oft wurde ich ›Negerhure‹ geschimpft, auch entsprechende Briefe habe ich bekommen, selbst heute noch treffen immer wieder welche ein. Man möchte es nicht für möglich halten. Ich ignoriere sie natürlich, aber mir tun die Menschen leid, die mit so viel Verachtung und Perversion leben.«*

Und umgekehrt? Was war für Lance das Anziehende an Chris?

Lance Lumsden: *»Erstens ist Chris eine sehr attraktive Frau. Dazu kommt ihre Selbständigkeit, ihr Wesen, sie ist eine sehr interessante Person. Das war das Auffälligste. Ich kann es nur so ausdrücken: Man kostet viele Früchte, und viele schmeißt man wieder weg. Man behält nur die, die noch aus einem weiteren Grund verlockend sind. Das war so bei Chris: Ihre Selbständigkeit, ihre Intelligenz ... sie ist in vieler Hinsicht einzigartig.«*

Nun kommen beide aber aus verschiedenen Kulturen. Haben die Unterschiede, die daraus resultieren, die Beziehung einfacher oder schwieriger gemacht?

Lance Lumsden: »*Ich bin für die Mischung der Kulturen. Aus einem ganz einfachen Grund: Inzucht ist schlecht.*«

Chris Lohner: »*Kulturen, die sich nicht mit anderen vermischt haben, die niemanden eingelassen haben, sind ausgestorben. Die multikulturelle Gesellschaft ist wichtig für den Fortbestand.*«

Lance Lumsden: »*Die Begegnung der Kulturen ist interessant, weil sich daraus was Neues ergibt. Freilich muß man dazu offen sein.*«

Dennoch ist erstaunlich, daß Lance den Weißen gegenüber keine Ressentiments hat, keine Vorbehalte, wo doch seine Heimat Jamaika lange Zeit unter britischer Kolonialherrschaft stand. Auch da haben sich zwei Kulturen berührt, allerdings in der Form von Über- und Unterordnung, was doch nicht unbedingt positiv ist. War die britische Besatzung nicht eher eine unangenehme Erfahrung? Hat der Jamaikaner diese Art der Begegnung mit dem Europäischen als etwas Positives oder Negatives erlebt?

Lance Lumsden: »*Ob etwas positiv oder negativ ist, kann man nur beurteilen, wenn man einen Vergleich hat. Den hatte ich nicht. Ich bin in diesem System der britischen Besatzung geboren und habe es eben akzeptiert. Auch als wir nicht mehr Engländer waren, fühlte ich mich nicht anders. Zwar frei, ja, aber in der Lebensgrundeinstellung nicht anders.*«

Chris Lohner: »*Verspürtest du nie das Gefühl der Rebellion in dir? Die Wut, nach so langer Zeit die Whities endlich loswerden zu wollen?*«

Lance lacht schallend.

Chris Lohner: »*Da gibt es gar nichts zu lachen. Das schreien sie mir doch auf Jamaika immer hinterher: ›Whitie, Whitie‹. Ich ruf' dann immer zurück: ›Brownie, Brownie‹.*«

Lance Lumsden: »*Whities gab es in unserer Familie immer wieder.*«

Chris Lohner: »*Ich meine die weiße Herrschaftsschicht, die doch immerhin die Bauxitvorkommen der Insel ausplünderte...*«
Doch wir wollten weniger von den bekannten politischen Ungleichheiten im kolonialen Herrschaftssystem sprechen, als vom Unterschied im Lebensstil. Zum Beispiel liegt doch die Andersartigkeit schon im Tempo. In Jamaika passieren die Dinge doch viel langsamer als in Europa.
Lance Lumsden: »*Stimmt. In Jamaika ist man mit den wichtigen Dingen des Lebens beschäftigt. Zum Beispiel sitzen wir viel öfter beisammen und reden miteinander. Viel, viel öfter. Ich würde nicht sagen, daß das unproduktiv ist. Im europäischen Sinn vielleicht, aber ich persönlich halte die Termine der Europäer, diese ewige Hetzerei für nicht so bedeutend.*«
Chris Lohner: »*Drum kommst du ja auch überall hin zu spät.*«
Wie können die beiden bei dieser unterschiedlichen Gangart überhaupt gemeinsam auf der Straße gehen?
Chris Lohner: »*Ich bin ein motorisches Wesen. Ich sag' ihm: ›Geh doch ein bißchen schneller‹. Er sagt: ›Renn doch nicht so‹.*«
Was ist die Lösung des Problems?
Lance Lumsden: (mit befreiendem Gelächter): »*Ich geh' einfach nicht mehr mit! Wenn Chris zum Beispiel mit dem Hund spazierengeht, ist das eine Rennerei. Da gibt es kein Hören auf die Vögel, kein Genießen der Blumen am Wegrand! Ganz im Gegenteil! Das ist kein Spazierengehen, das ist Streß!*«
Wie hält es Lance Lumsden überhaupt in Europa aus, unter all den Menschen mit den vielen nutzlosen Aktivitäten?
Lance Lumsden: »*Indem ich meinen Rhythmus lebe. Ich lasse mir den europäischen Rhythmus nicht aufdrängen.*«
Chris Lohner: »*Aber Lance, du hast doch hier in deinem Beruf als Zeitungsmacher auch deinen Streß. Und du sagst doch immer: ›The early bird catches the worm‹.*«

Lance Lumsden: »*Ja, ich war in Jamaika auch immer ein early bird, die Jamaikaner stehen immer früh auf und genießen das Leben...*«

Chris Lohner: »*Außer, wenn ihnen ein Hurricane das Dach überm Kopf wegblast.*«

Lance Lumsden: »*Sie leben das Leben. In der Arbeit und in der Freizeit. Das sind ihre Prioritäten.*«

Konnte Lance in Wien wirklich sein Jamaika-Tempo beibehalten, ohne mit der hiesigen Gangart in Konflikt zu geraten?

Lance Lumsden. »*Für mich persönlich, ja. Natürlich komme ich zum Beispiel mit Chris in Konflikt, die sich viele knappe Termine setzt und überpünktlich ist. Aber auch ich habe noch nie ein Flugzeug verpaßt.*«

Chris Lohner: »*Nein, aber sie haben wegen uns schon einmal den bereits geschlossenen Check-in-Schalter wieder aufgesperrt und die Gangway noch einmal hinuntergelassen.*«

Lance Lumsden: »*Na und? Das ist doch kein Problem! Wenn man trotzdem das Flugzeug erreicht, ist das nicht weiter tragisch. Das ist genauso, wie wenn die Leute sich aufregen, daß es regnet. Im Winter regen sie sich darüber auf, daß es kalt ist. Im Sommer darüber, daß es heiß ist. Immer wird darüber geredet. Dabei ist das Wetter doch wirklich egal.*«

Chris Lohner: »*Wir reden über dein Zuspätkommen. Und das ist für mich ein großes Problem. Weil wir auf dem ganzen Weg bis zum Flugplatz nur darüber streiten, daß wir schon wieder so spät dran sind. Ich habe übrigens eine Lösung für dieses Problem gefunden, indem ich jetzt immer allein zum Flugplatz fahre. Jetzt sitze ich immer adrett und entspannt im Flugzeug, und bevor die Tür zuklappt, kommt lächelnd noch ein Jamaikaner herein, dem das Hemd aus der Hose hängt und die Schweißperlen auf der Stirn stehen...*«

Lance Lumsden: »*...und der lächelt. Du sagst es! Genau daran erkennt man nämlich, daß ein Jamaikaner zur Tür reinkommt und kein Europäer! Ein Europäer würde da*

nämlich nicht lächeln, sondern verbissen und gehetzt dreinschauen. Das ist der Unterschied. Ich sehe da kein Problem. Wenn wir in Jamaika eine Hurricane-Katastrophe haben, dann ist das eben so. So what? Wenn hier ein Sturm ein paar Äste von den Bäumen weht, ist das eine riesige Affäre.«
Chris Lohner: »*Also, wenn der Hurricane die Häuser in Jamaika wegbläst, dann ist das auch für die Jamaikaner ein Problem.«*
Lance Lumsden: »*Es ist eine andere Sicht der Dinge. Darum seht doch die Leute in Jamaika an, wie jung und fröhlich die alle ausschauen! Dagegen hier in Österreich, etwa die Menschen in der U-Bahn. Sie haben alles. Alles. Und sind verbissen und verbittert. In Jamaika haben die Menschen nichts, gar nichts. Aber sie lächeln und sind fröhlich. Weil sie wissen, was für sie wichtig ist.«*
Als kleine Entschuldigung für den Europäer sei angemerkt: In Jamaika muß niemand heizen, muß sich im Winter niemand um warme Behausungen kümmern, muß sich niemand warm anziehen. Das heißt, der Europäer muß sich, um zum annähernd gleichen Wohlbefinden wie ein Südländer zu gelangen, wesentlich mehr anstrengen. Das Leben ist teurer, wenn man erst einmal heizen muß, um es warm zu haben.
Chris Lohner: »*Ich glaube auch, daß Menschen, die das ganze Jahr über draußen leben, einen anderen Zugang zu ihren Mitmenschen haben, weil sie ganz einfach auch mehr von ihnen treffen. Wenn du hingegen zwei Drittel des Jahres in deiner Wohnung sitzt, mußt du Freunde zu dir einladen, was schon wieder mehr Aufwand bedeutet, als wenn du sie in der Sonne auf der Straße triffst. Darum sind ja auch Menschen im Süden offener und sorgloser. Wir müssen immer drinnen sein und alles zusperren. Das macht eben auch verschlossener.«*
Lance Lumsden: »*Du würdest dich wundern über all die Ausländer aus dem Süden, die sich abends und an den Wochenenden in den Wiener Parkanlagen treffen und miteinan-*

der plaudern, auch wenn es schon kühl ist. Dagegen spüre ich in Europa und in Österreich ganz speziell einen Drang zur Einsamkeit. Du siehst Menschen allein aus ihren Fenstern schauen, die nicht einmal ihre Nachbarn kennen. In Wien ist alles sehr in Moll, sehr negativ. Das hängt meines Erachtens nicht mit dem Klima zusammen!«

Chris Lohner: »*Ich glaube schon. Die Mentalität der Menschen wird von der Geographie und dem Klima ihres Landes geprägt. Im Bergland denkt man einfach anders als in der Wüste.«*

Interessant, daß in unserer Generation in Europa das Single-Dasein mehr und mehr als Glück empfunden wird. In den Augen von Lance stellt es eine traurige Isolierung dar. Sind Singles in Jamaika undenkbar?

Lance Lumsden: »*Ich will nicht sagen, daß es keine Singles gibt. Aber die Wohnung der Eltern kann noch so klein sein, es würde kein junger Mensch auf die Idee kommen, vorzeitig ausziehen zu wollen. Man geht sich auch nicht auf die Nerven, denn man ist viel geduldiger im Umgang miteinander, viel toleranter. Man macht nicht aus jeder Mücke einen Elefanten.«*

Sprechen wir von der Ordnung, die für Chris sehr wichtig ist. Wir stellen uns also vor: Die jamaikanische Frau hat in dem engen Raum gerade Ordnung gemacht, der Mann kommt herein, wirft seine Jacke auf den Sessel und stellt seine Schuhe unter den Tisch. Darüber ärgert sich die jamaikanische Frau nicht?

Lance Lumsden: »*Ich kann mir nicht vorstellen, daß das in einer jamaikanischen Familie ein Problem ist.«*

Chris Lohner: »*Ich will in meinen eigenen vier Wänden absolute Ordnung, weil ich hier auch arbeite. Hier kann ich es nicht ertragen, wenn ein Sakko über der Tür hängt, das muß sofort weg, sonst muß ich ja am Wochenende fünf Sakkos wegräumen.«*

Lance Lumsden: »*In meinem Büro bin ich genauso, da muß Ordnung sein, damit ich konzentriert arbeiten kann.*

Aber zu Hause muß man doch relaxen können, durchatmen, ausspannen. Da muß es doch egal sein, wo das Sakko hängt, oder?«
Chris Lohner: »*So wie Lance jetzt da lümmelt, bequem ausgestreckt in seinem Lehnstuhl, kann man ihn jeden Abend erleben, während ich nach Hause komme, in jeder Hand eine Einkaufstasche, den Hund hinter mir herziehe, und er fragt: ›Was gibt es heute abend zu essen, Baby?‹«*
Lance Lumsden: »*Na, ist denn das nicht ideal, wenn zwei so verschieden sind, daß sie einander so gut ergänzen? Wenn beide so faul herumliegen würden wie ich, wäre es unerträglich, und es würde dauernd Reibereien geben. Chris aber muß so sein, wie sie ist, stets organisierend, stets planend, stets auf das bedacht, was getan werden muß. Ich akzeptiere das. Sie kann nicht anders, sie muß sich um alles kümmern. Aber es kommt ja auch vor, daß Chris sich einmal hinlegt und ruft: ›Heute mache ich überhaupt nichts. Ich bin erledigt.‹ Das akzeptiere ich dann ja auch. Chris ist die absolute Herrscherin zu Hause, das ist auch so bei uns in Jamaika.«*
Chris Lohner: »*Was heißt: Herrscherin zu Hause? Konkret klingt das doch so: Baby, hast du meinen Paß gesehen? Wo sind meine Socken? Vergiß nicht, daß die jamaikanischen Männer immer noch Machos sind. Vor allem auf der Straße. Da bestimmen sie die wichtigen Dinge, zum Beispiel wer im Fußball und im Basketball gewinnt. Im Haus sind sie für nichts zuständig.«*
Lance Lumsden: »*Ja, in Jamaika ist der Mann ein Macho. Aber es gehört zur Toleranz der Frau gegenüber, daß sie im Haus das Sagen hat.«*
Das ist ja schon eine ganze Reihe von Gegensätzen: Tempo, Ordnungsliebe, Geselligkeit, überhaupt die Geisteshaltung in jenen Situationen, die problematisch werden könnten. Aber warum hat Lance sich in eine typische Europäerin verliebt? Was hat ihm denn an dieser Frau aus der so wenig sympathischen europäischen Welt fasziniert?

Chris Lohner: »*Ich muß vorausschicken, daß ich gar nicht seine Traumfrau bin. Denn in Wirklichkeit möchte er ja doch eine, die kocht und zu Hause ist und ihn umsorgt. Erinnere dich, was hast du dich aufgeregt, wenn du um halb elf in der Nacht mit deiner üblichen Frage: ›Was gibt es zu essen?‹ gekommen bist, und bei mir war der Ofen aus. Erinnere dich an unsere endlosen Diskussionen.*«
Lance Lumsden: »*Ja, aber auch das ist für mich kein Problem. Mit dem Geist eines Jamaikaners kann ich akzeptieren, daß du nicht wie eine Frau aus Jamaika bist. Na und? An manchen Tagen regnet es, dann scheint wieder die Sonne, so ist das eben. Na gut, Chris kocht nicht immer.*«
Chris Lohner: »*Tu doch nicht so! Es war ein langer Reifungsprozeß, bis du das akzeptiert hast.*«
Lance Lumsden: »*Und was ist schlecht daran, zu streiten? Diskussionen und Auseinandersetzungen sind ein Teil des Lebens. So wie der Regen, es kann nicht immer die Sonne scheinen.*«
Chris Lohner: »*Du mußt sehr wohl zugeben, daß du lange gebraucht hast, um dich umzustellen. Du hattest gerade eine Ehe hinter dir, wo sehr wohl noch um Mitternacht der Kuchen auf dem Tisch stand, wo die Frau zu Hause war und alles für dich getan hat. Das war doch eine große Umstellung für dich.*«
Lance Lumsden: »*Du sagst es: Es war eine Umstellung, aber kein Problem.*«
Was ist also trotz allem das Faszinierende an einer Europäerin, die doch so schrecklich selbständig, widerspenstig, ordnungsliebend und pünktlich ist?
Lance Lumsden: »*Da gibt es sehr viel. Wenn wir zum Beispiel miteinander reisen, zeigt es sich ganz deutlich: Ich als Jamaikaner könnte die ganze Zeit nur am Strand liegen, ganz ohne schlechtes Gewissen. Sie als Europäerin muß die ganze Gegend auskundschaften. Sie ist ständig auf der Suche nach Interessantem und Wissenswertem. Sie ist mit Karten und Büchern ausgerüstet und erklärt mir alles. Ich*

muß nicht selber lesen, sie weiß es schon und erklärt es mir. Das genieße ich! Diese Abhängigkeit von jemandem, der diese Dinge beherrscht, ist sehr schön. Einen Partner zu haben, der diese Lücke bei mir füllt und so zu meiner Entwicklung beiträgt. Das finde ich sehr wichtig. Ihre Art hat sich so auf mich ausgewirkt, daß auch ich mich heute mit viel mehr Dingen befasse, als wenn ich mit einer Frau aus Jamaika zusammen wäre. Wir gehen zum Beispiel ins Theater, in die Oper – Chris liest vorher die Kritiken, weiß schon alles. Ich kann einfach faulenzen, und sie erklärt mir das alles, das finde ich ganz toll.«

Chris Lohner: »*Ich habe mir vor vierzehn Jahren, bevor ich zum ersten Mal nach Jamaika fuhr, schon vorher Bücher darüber besorgt, mich genau vorbereitet und kenne die Insel heute vielleicht besser als du.*«

Lance Lumsden: »*Das glaub' ich nicht. Obwohl auch ich dir in Wien Plätze zeigen kann, die du bisher vielleicht gar nicht oder mit anderen Augen gesehen hast.*«

Chris Lohner: »*Schon möglich! Wir fahren auch oft nach London, und dann schleppe ich ihn durch alle Museen, Galerien und in alle Musicals.*«

Lance Lumsden: »*Und ich finde das schön. Allein würde ich das vielleicht nicht tun. Ich brauche diesen Anstoß von außen, muß mich dazu überwinden. Aber nach der Reise freue ich mich, das alles gesehen und erlebt zu haben. Als wir auf Jamaika waren, hat sie mich gezwungen, einen Tag nach Kuba zu fliegen. Ich hab' mich zuerst geärgert. Was soll ich auf Kuba, hab' ich mir gedacht. Schade um den schönen Tag am Strand. Aber es war doch sehr interessant. Ich muß sagen, für diese Dinge bin ich sehr dankbar.*«

Eine Frau aus Jamaika hätte diesen Wissensdurst und diese mitreißende Neugierde nicht?

Lance Lumsden: »*Nein, diese Dinge würden sie nicht interessieren. Sie würde nur mit mir am Strand liegen.*«

Der Bildungs- und Wissensdrang wäre also ein Punkt, wo Lance Lumsden eine Europäerin, wie Chris als Bereiche-

rung empfindet. Kann man denn davon ausgehen, daß dieser Bildungshunger europäisch ist und der Hang zum Nichtstun jamaikanisch?
Chris Lohner: »*Das glaube ich nicht. Ich kenne genug Europäer, die ans andere Ende der Welt reisen und sich dort auch nur an den Strand legen und sich nichts anschauen.*«
Lance Lumsden: »*Ich halte das für sehr europäisch. Es würde kaum ein Jamaikaner die Welt entdecken! Das gehört nicht zu unserem Bestreben. Der Drang, neue Länder zu entdecken, ist europäisch. Und damit Hand in Hand geht auch der unselige Wunsch, andere Völker zu missionieren. Auch das ist zutiefst europäisches Bestreben. Das größte Verbrechen der Europäer war es, anderen Völkern ihre Religion, ihre Lebensweise aufzuzwingen. Sie konnten es nicht ertragen, daß die anderen anders sind. Wir Jamaikaner sind auf unserer Insel geboren, und das genügt den meisten von uns voll und ganz.*«
Chris Lohner: »*Dagegen spricht, daß es auf der ganzen Welt fast mehr Jamaikaner gibt als in Jamaika selbst. Viele Spitzensportler, die für die USA, für Kanada oder für England starten, sind Jamaikaner.*«
Wieso ist Lance Lumsden überhaupt von seiner wunderbaren Insel weggegangen?
Lance Lumsden: »*Ich wollte Tennis spielen. Und auch in jungen Jahren etwas erleben. Viele Europäer machen es umgekehrt. Wenn sie alt sind, fangen sie an zu reisen. Ich wollte die Welt als junger Mensch kennenlernen.*«
Chris Lohner: »*Das trifft auch auf mich zu. Ich bin als Model auch in jungen Jahren sehr viel gereist. Das haben wir gemeinsam, daß wir international aufgewachsen sind.*«
Hat für Chris diese jamaikanische Art des Beschaulichen, des Langsamen, des Eben-nicht-Herumrennens etwas Faszinierendes?
Chris Lohner: »*Ich empfinde das als angenehmen Gegenpol. Ich hab' auch viel von Lance gelernt. Zum Beispiel, wenn ich mich über etwas aufrege und er mir sagt: ›Schau, da ist*

doch nichts dahinter. Reg dich auf, wenn es was bringt. Wenn nicht, laß es bleiben!‹«

Ist seine stoische Gelassenheit, sein Easy-going, wie Chris Lohner das nennt, eine positive Eigenschaft, die den Europäern fehlt? Denn zwei Europäer, die hektisch nebeneinander herrennen, müssen ja auch nicht unbedingt eine ideale Partnerschaft führen.

Chris Lohner: »*Lance rennt ja mittlerweile schon genauso wie ein Europäer.*«

Lance Lumsden: »*Ich renne nur, wenn es notwendig ist! Ich renne nicht des Rennens wegen.*«

Chris Lohner: »*Ich renne ja auch nur, wenn es nötig ist!*«

Lance Lumsden: »*Da bin ich nicht sicher.*«

Chris Lohner: »*Jeder rennt doch nur aus beruflichen Gründen. Ich renn' ja auch nicht zu meinem Vergnügen.*«

Aber viele Europäer rennen sogar dann noch, wenn sie schon im Bett liegen. Ihr Gehirn arbeitet weiter, entwirft Pläne, überlegt Strategien, denkt an die Termine von morgen. Die Gedanken rennen weiter und brauchen lange, um zum Stillstand zu kommen.

Chris Lohner: »*Aber das macht Lance doch auch.*«

Lance Lumsden: »*Nein. Das mache ich nicht. Ich überlege nicht, daß ich heute abend früh schlafen gehen muß, weil ich morgen früh aufstehen muß und dann dies und jenes zu tun habe. Das ist typisch europäisch. Und das ist wirklich dumm, denn man vergißt zu leben, und man vergißt, wozu wir eigentlich da sind. Dabei wäre gerade das so wichtig. Die Dinge, die man rennend erreichen kann, kann man jederzeit nachholen. Aber die Dinge des Zusammenlebens, des Beisammensitzens, des kleinen Drinks am Abend, des gemütlichen Beisammenseins und was es da sonst noch Schönes gibt – die holt man nie mehr nach. Die sind versäumt. Man sieht auch an unserer Kultur, daß die Menschen mit fünfzig wie dreißig ausschauen. Und die Europäer schauen mit dreißig aus wie fünfzig.*«

Chris Lohner: »*Also, ich bin fünfzig und schaue nicht aus*

wie siebzig! Viele afrikanische oder orientalische Frauen schauen mit fünfzig alt aus. Schon wegen des Klimas.«

Sehen Jamaikanerinnen mit fünfzig wirklich so gut aus wie Chris Lohner?

Chris Lohner: »*Nein, die sind dick und fett.«*

Lance Lumsden: »*Wir sprechen nicht über dich, Chris, du gehörst zu den zwei bis drei Prozent Ausnahmefällen. Aber schau dich in der U-Bahn um, dort siehst du, wie die Mehrheit der Europäer wirklich aussieht. Abgesehen vom Körper, der meist dick und ungepflegt ist, findest du dort nur alte, unlustige, verkniffene Gesichter.«*

Chris Lohner: »*Lance hat recht. Auf Jamaika gibt es nur lachende Menschen, egal welchen Alters.«*

Es ist sicher richtig, daß die Europäer um die fünfzig vielfach mit den Nerven am Ende sind. Die Jamaikaner nicht. Ist denn die jamaikanische Frau zu jeder Tages- und Nachtzeit bereit, all das zu tun, was das Leben so an Genußvollem mit sich bringt?

Lance Lumsden: »*Genau. Die Europäer lieben sich viel zu wenig. Es hat die Liebe für sie fast keine Bedeutung. Für viele Europäer ist die Liebe – im Vergleich zur Karriere etwa – fast so etwas wie Zeitverschwendung. Für den Jamaikaner hingegen ist das Zusammenleben in seiner Komplexheit das Wichtigste. Das Leben zu zweit zu genießen, ohne daß man viel dazu tut. Der Europäer glaubt, um es zu genießen, muß er ins Theater gehen, zu Freunden, auf Partys, in Urlaub fahren. Das ist alles nicht wirklich von Bedeutung. Ein nettes Gespräch, ein gutes Essen und sich regelmäßig lieben – das ist doch viel wichtiger.«*

Tatsächlich neigt der Europäer – vereinfacht gesprochen – dazu, die Dinge des Genusses zu vernachlässigen.

Lance Lumsden: »*Ein Jamaikaner liebt durchschnittlich zweimal am Tag. Und Liebe und Sex bedeuten für ihn viel mehr als für den Europäer. Es ist wie Essen und Trinken. Es ist etwas Schönes.«*

Chris Lohner: »*Ich bin aber nicht jeden Tag in Stimmung*

dazu. Ich glaube sowieso, daß man ab fünfzig schon etwas seltener will. Das hat sicher etwas mit der Chemie zu tun.«
Lance Lumsden: »*Nein, überhaupt nicht.*«
Chris: »*Schön. Aber wenn ich nicht will, dann hilft nichts.*«
Stellen wir einmal nüchtern klar: Sexualhormone haben die gegenteilige Wirkung von Streßhormonen. Sexualhormone bauen Streß ab. Ist man abends verspannt, verkrampft und daher lustlos, sollte man miteinander schlafen. Denn Sex dient allemal zum Abbau von Spannungen. Man schläft hinterher doppelt so gut. Das sind Fakten.
Chris Lohner: »*Ich schlaf' immer gut.*«
Lance Lumsden: »*Österreich ist so schön, die Menschen haben alles, einen wirklich hohen Lebensstandard, sie sind erfolgreich. Aber ich habe noch in keinem anderen Land der Welt so viele unglückliche Menschen gesehen.*«
Was soll eine Europäerin also von einem Mann aus dem Süden lernen?
Lance Lumsden: »*Man soll eine Verschmelzung von beidem anstreben. Man soll ein bißchen von beiden Kulturen nehmen und mischen. Mein Sohn Robin ist so eine Mischung, er hat einen herrlichen Körper und ist ehrgeizig wie ein Europäer. Vielleicht sind die Südländer ein bißchen zu lax, sie könnten in manchen Dingen etwas produktiver sein. Und die Europäer sollten sich ein bißchen weniger vom Drang nach Erfolg leiten lassen. Sie sollten ein bißchen mehr leben. Viele Europäer leben gar nicht. Was gibt es Wichtigeres, als jeden Tag ordentlich zu bumsen und dann zu schlafen? Der Schlußpunkt von allem sollte die Liebe sein. Jeden Tag. Für mich ist dies auch die Funktion einer Frau, daß sie mich, wenn ich gestreßt bin, durch den Liebesakt entspannt und für den nächsten Tag wieder mit Energien auflädt.*«
Chris: »*Typisch Macho. Ich bin doch keine Schlaftablette. Die solltest du dir besser in der Apotheke besorgen.*«
Hier drängt sich der Gedanke an Sigmund Freud auf. Seine Lehre von der Sublimierung als Voraussetzung für Kultur paßt ganz gut zu dem, was wir über den Unterschied

zwischen Jamaika und Österreich gesagt haben. Der Jamaikaner, der in der Sonne liegt, sich über den Tag freut, was er auch bringen mag, und sich auch in der Nacht keinen Genuß versagt, sublimiert also nicht, leistet keinen Genußverzicht, wie Freud dies ausgedrückt hat. Er wird Genuß nicht aufschieben, um, sagen wir einmal, schwierige mathemathische Probleme zu lösen, um die Welt zu erobern. Der Europäer indes erklomm eine relativ hohe Kultur- und Zivilisationsstufe, weil er den primären Genuß drosselt und eben sublimiert.

Freud selbst war ja einer, der Sex ab seinem vierzigsten Lebensjahr eindeutig zugunsten seiner Forschungen einstellte. Seine Energien sparte er für seine geistige Arbeit. Er meinte: *Wer viel Sex hat, denkt weniger.* Manche Operndiva verkündet, daß sie vor einem großen Bühnenauftritt tagelang strikte sexuelle Abstinenz halte, damit ihre Energien gebündelt in die eine Höchstleistung ihres Auftrittes fließen. Auch im Spitzensport dauert die Diskussion weiter an, ob vor großen Entscheidungswettkämpfen Enthaltsamkeit geübt werden soll. Zurück zu Lance Lumsden, der sagt, daß ein Jamaikaner die ursprünglichen Dinge des Lebens in vollen Zügen konsumiert und genießt, daß er aber andererseits nie die Welt erobern würde. Chris Lohner erobert mit ihren Programmen, Karten und Theaterkritiken die Welt, freut sich zwischendurch aber immer wieder auch über sexuelle Enthaltsamkeit. Vielleicht hatte Freud mit seiner Theorie von der Sublimierung doch recht?

Lance Lumsden: *»Ja, das ist alles gut und schön. Wir gehen oft in ein Konzert, in ein schönes Theater. Aber dann komm' ich nach Hause und möchte die Vollendung genießen. Das kann ich übrigens mit Bestimmtheit sagen: Das Interesse für Musik habe zum Beispiel ich bei Chris erweckt. Sie war darin relativ unterentwickelt. So wie sie mir die Augen in vielen Dingen geöffnet hat, habe ich ihr die Welt der Musik eröffnet. Für den südländischen Menschen ist die Musik ein Bestandteil des Lebens wie das Atmen.«*

Chris Lohner: »*Ich brauch' Musik nicht unbedingt. Ich finde die Stille auch sehr schön. Obwohl ich zugeben muß, daß mir die Musik und die Texte des Jamaikaners Bob Marley überaus gut gefallen. Den Reggae haben sie zum Beispiel doch erfunden, die Jamaikaner. Das würde den Sigmund Freud wieder ein bißchen relativieren, denn Bob Marleys Texte sind für mich überaus literarisch und philosophisch.*«
Sind die Europäer seelisch unterentwickelt?
Lance Lumsden :»*Ich bereue keinen Tag, den ich mit Chris zusammengelebt habe. Ich bin durch die Begegnung mit Chris bereichert. Ich glaube nur, daß diese radikale Emanzipationsbewegung auch für die Frauen nicht gut ist. Sie führt in letzter Konsequenz zur Vereinsamung. Die Frauen sind nicht glücklicher. Aber daß es diesen Unterschied zwischen uns gibt, ist an unserer Beziehung das Reizvolle. Das schlimmste an einer Beziehung ist, wenn sie langweilig wird. Das schönste ist, wenn wir verschieden sind, wenn wir streiten, und wenn wir uns wieder versöhnen und am nächsten Tag die Sonne wieder scheint. Buchstäblich wie in der Natur. Wie Sturm und Regen und Sonne sich abwechseln.*«
Chris Lohner: »*Das finde ich auch. Im übrigen beanstande ich nur, daß Kodak und Agfa und wie die Filmhersteller alle heißen, sich für ein Paar, wie wir es sind, noch nichts haben einfallen lassen. Ich hab' kein einziges gutes Foto von uns. Entweder Lance ist gut getroffen, dann bin garantiert ich überbelichtet. Oder ich bin scharf zu sehen, dann ist er zu dunkel oder kaum erkennbar. Diesem Mißstand sollte im Interesse der immer zahlreicher werdenden gemischten Pärchen dringend abgeholfen werden.*« □

»Ich bin farbenblind.«

JOHN BOCKELMANN UND DIE DOMINIKANERIN MARGARET G.

John Bockelmann – dreißig Jahre alt, groß, schlank, dunkelblond, aufgewachsen in Österreich und Deutschland – ist der festen Überzeugung, daß eine Zunahme an multikulturellen, mehrfarbigen Paaren der Welt gut tun würde. *»Es sollte mehr gemischte Partnerschaften geben. Ich weiß zwar, daß viele Zeitgenossen dagegen sind, aber ich bin der Meinung, je mehr Paare gemischt sind, desto weniger Gründe gibt es, aufeinander herumzuhacken. Warum werden heute in Deutschland Afrikaner, Türken, Vietnamesen und andere Ausländer von Randgruppen wie den Neonazis belästigt und gequält? Weil einige Angst haben, sie nehmen den Deutschen etwas weg? Oder weil andere nicht wollen, daß sich ihr Blut mit dem anderer Rassen mischt? Ich verstehe das nicht. Gerade diese Mischung würde das Zusammenleben friedlicher und spannender machen.«*

John, der Sohn des Unterhaltungssängers Udo Jürgens, hat zuletzt drei Jahre lang in New York gelebt; sowohl in Manhattan – bei seiner Mutter Panja, die im bunt gemischten East-Village als Malerin werkt – als auch in einer mehrfarbigen Wohngemeinschaft in der Bronx, dem etwas rauhen Wohnviertel ärmerer Afro- und Hispano-Amerikaner. Schon vorher war er aber – angeregt durch eine Reise mit seiner Mutter quer durch Tansania – immer mehr zur Überzeugung gelangt, in seiner Seele den Schwarzen verwandter zu sein als den Weißen. »*Ihre Offenheit, ihre Ehrlichkeit, ihre spirituelle Verbundenheit mit Tanz und Musik entsprechen ganz meinem Charakter. Und schließlich hat mich auch die Trauer über die Geschichte ihrer Unterdrückung ganz auf ihre Seite gezogen.*«

»*Woher kommst Du?*« haben ihn die Schwarzen in der Bronx oft gefragt. »*From Munique, aus München!*« hat der Sohn von Udo Jürgens geantwortet. Worauf er »John Munique« getauft wurde. »*Hey, Munique*« rufen ihn seine New Yorker Freunde, mit denen er die Schauspielschule von Ute Hagen und Herbert Berghoff besuchte.

John Bockelmann wollte die Geschichte über seine Liebe zur Hispano-Amerikanerin Margaret und ihren gemeinsamen kleinen Sohn Michelangelo, geboren 1992, bisher kaum jemandem erzählen. Keiner Zeitung, keinem Reporter. Nicht für viel Geld. Schon gar nicht, wenn es nur um die Schlagzeilen gegangen wäre: »Udo Jürgens – Großvater eines schokoladefarbigen Enkelsohnes!« Doch für dieses Buch sagte er sofort zu. »*Weil ich finde, daß ein solches Buch über Partnerschaften zwischen Menschen verschiedener Hautfarbe wichtig ist. Weil noch sehr viel getan werden muß, um mehr Offenheit und Verständnis zu erzielen. Dazu will ich etwas tun. Durch reden, aber auch durch handeln.*«

Auf großes Verständnis ist er damit bisher nur bei seiner kosmopolitischen Mutter gestoßen. John: »*Für sie ist die Farbkiste überhaupt kein Thema. Sie fand es immer egal, mit wem ich daherkam. Hauptsache, ich bin glücklich.*«

Schon als John achtzehn war, hatte er ein Mädchen aus Barbados zur Freundin. Später lebte er in München fünf Jahre mit einer Afrikanerin zusammen. Im Unterschied zur ungezwungenen Mutter habe der Kärntner Vater jedesmal geschluckt, wenn John zu einem seiner Konzerte wieder mit einer farbigen Begleiterin kam. Einmal seien es gleich zwei Äthiopierinnen gewesen, die das väterliche Mißfallen erregten: »*Du kommst wohl nie mit einer Eu-*

ropäerin?« versuchte Vater Udo zu witzeln. John: »*Mir ist irgendwie klar, daß mein Vater damit innerlich nicht ganz zurechtkommt.«* Schon gar nicht mit Johns großer Liebe, der Dominikanerin Margaret, die er heiraten möchte.
Udo Jürgens rät ab: »*Sei gescheit. Wenn du sie heiratest oder mit ihr auch nur zusammenziehst, dann kommst du zu gar nichts mehr, kannst gleich deine Karriere aufgeben!«*
Der Sohn liebt und versteht seinen Vater: »*Er hat das gar nicht böse gemeint. Er hat mir nur das empfohlen, was er selber sein ganzes Leben getan hat. Er hat seine Karriere durchgezogen, um dort zu stehen, wo er heute steht: auf Platz eins der deutschen Unterhaltungsmusik. In seinem Genre gibt es keinen über ihm. Um das zu erreichen, mußt du alles aufgeben: Familie, Kinder. Um das zu erreichen, mußt du grenzenlos egoistisch sein. Ich bin nicht sicher, ob ich diesen hohen Preis zahlen will,«*
Familie oder Karriere? Der Vater hat sich für letzteres entschieden. Sohn John: »*Wann haben wir ihn denn schon gesehen?«* Udo Jürgens' Erfolgsstory ist ja hinlänglich bekannt: Er ließ sich von seiner Frau Panja scheiden, als die Kinder John und Jenny noch klein waren und »zog die Karriere durch«. Sohn John will einen anderen Weg gehen. Er möchte nach absolvierter Ausbildung zwar auch seinen Beruf als Schauspieler ausüben, aber er hat auch familiäre Sehnsüchte: »*Ich bin nicht so ein Powermensch, der eine Weltkarriere anstrebt. Ich will doch meinen Sohn nicht nur alle zehn Jahre sehen!«*
Es ist vielleicht kein Zufall, daß John Bockelmann sich in New York in eine junge Frau verliebt hat, die aus einem Kulturkreis kommt, in dem der familiäre Zusammenhalt als unbestritten höchster Wert gilt. Auch für Margaret ist trotz ihrer erst einundzwanzig Jahre die Familie das Bedeutendste und Größte. Als sie über die Gestaltung ihrer gemeinsamen Zukunft sprachen, versuchte John ihr zu erklären, daß er in gewissem Rahmen in seinem Beruf als Schauspieler sehr wohl erfolgreich sein möchte. Und gera-

de das ist der Unterschied: Einem europäischen, kanadischen, nordamerikanischen Mädchen hätte die Aussicht auf Geld und Ruhm sofort sehr gut gefallen. Die indianisch-hispanische Margaret war von der Vorstellung eines stets abwesenden, sich zu Tode arbeitenden Ehemannes überhaupt nicht angetan. Immer wieder insistierte sie sorgenvoll: »Aber die Familie kommt doch an erster Stelle. Die Familie, oder?« Für eine junge Frau wie sie ist es das Selbstverständlichste der Welt, bereits Mutter von zwei Kindern zu sein. Als John sie kennenlernte, hatte sie nämlich schon einen vierjährigen Jungen.
John liebt an ihr diese »ehrliche, frühe Reife«, gegen die sich gleichaltrige Weiße geradezu kindisch und verantwortungslos ausnehmen. Weiße junge Mädchen haben in hispano-amerikanischen Kreisen demnach auch das Image, reichlich verwöhnt und nur party- und vergnügungssüchtig und überwiegend an Materiellem interessiert zu sein, während sich farbige Mädchen angeblich schon von der Pubertät an, den – wie sie meinen – »moralischeren« Fragen der familiären Verantwortung stellen.
Dazu kommt, daß junge Menschen, die im rauhen Milieu der Bronx aufwachsen – Margaret kam mit vierzehn aus der Dominikanischen Republik nach New York – von vornherein »härter und realitätsbezogener« (John Bockelmann) sind als wohlbehütete weiße Mädchen.
John hat die Gründe, warum farbige Mädchen »offener, ehrlicher, direkter und selbstbewußter« sind als weiße, nicht wissenschaftlich untersucht. Es genügt ihm, daß er sich zu Margaret und seinem kleinen Sohn Michelangelo hingezogen fühlt. John: *»Der Junge war zwar nicht geplant. Aber wir sind froh, daß er da ist.«*
Der gemeinsamen Zukunft stehen allerdings trotz beiderseitigem bestem Willen noch große Probleme im Weg. Als John Bockelmann von einem anderen Paar dieses Buches hörte, von der Afro-Amerikanerin Olive Moorefield und dem Wiener Arzt Professor Kurt Mach, die über achtund-

zwanzig Jahre miteinander verheiratet sind, seufzte er sehnsüchtig: »*Es gibt nichts Schöneres als zwei Menschen verschiedener Hautfarbe, die miteinander alt geworden sind.*«

Ob er das auch erleben wird, steht in den Sternen. Er und Margaret haben bis zum Zeitpunkt des Interviews – ungefähr zwei Jahre nach der Geburt ihres Sohnes – noch nie längere Zeit zusammengelebt. Als Michelangelo zur Welt kam, war Johns Visum für die Vereinigten Staaten gerade abgelaufen. Er mußte zurück nach München, wo er aber nur darauf wartet, ein neues Visum oder gar eine Green Card – eine Arbeitserlaubnis – für Amerika zu bekommen. Inzwischen war er immer nur zu Besuch bei Margaret und seinem Sohn. Sie wiederum hat panische Angst davor, nach Deutschland zu übersiedeln. Sie hat zwar eine Ausbildung (als Kosmetikerin), spricht aber nicht Deutsch. Außerdem hat sie aus Medienberichten in letzter Zeit das Bild eines Deutschland vermittelt bekommen, in dem Farbige auf offener Straße gejagt und gequält werden. Margaret sagt: »*Ich ziehe auf keinen Fall nach Deutschland.*«

So liegt es also an John, für immer den Sprung über den großen Teich zu wagen. Mitten hinein in eine Kultur, die ihm hinsichtlich ihrer Spiritualität, Musik und Natürlichkeit ohnehin besser gefällt als die deutsche. John: »*Wie einladend und offen diese Menschen hier sind. Sie haben eine gesündere Beziehung zu ihren Gefühlen, sind natur- und traditionsverbunden. Und viel freier, was Musik und Tanz angeht. Ihr Zugang zum Leben ist ein spiritueller. Das berührt mich einfach viel mehr.*«

Freilich sieht er auch die anderen Seiten der ungebremsten Gefühlsausbrüche farbiger Amerikaner. Er kann noch nicht so recht absehen, wie er mit der immensen Lärmentwicklung in einer hispano-amerikanischen Familie zurechtkommen würde. Er schildert: »*So eine kleine Familie mit rund zwanzig Mitgliedern bringt es bei Zusammenkünften auf eine für mich unerträgliche Lautstärke. Außer einem*

Fernseher läuft dort ständig auch noch ein Radio und ein CD-Player mit Verstärkerboxen wie in einer Disko. Darüber hinaus unterhalten sich alle auch noch miteinander, wobei sie sich laut anbrüllen. Das ist dann sogar mir zuviel. In diesem Wirbel fühl' ich mich dann wieder so deutsch, mit so viel Sehnsucht nach Ruhe und Alleinsein. Ich unterhalte mich ja auch gerne. Aber immer im Rudel? Nein, das könnte ich nicht aushalten. Das müßte der Clan dann akzeptieren, wenn ich mich zurückziehe.«

Johns Prägung: In seiner mitteleuropäischen Kindheit versuchte jedes Familienmitglied, so viel Freiraum wie möglich für sich zu ergattern. »*Wir lieben uns auch auf Distanz. Dauernd zusammenzukleben hätte keiner von uns ausgehalten.*«

Margarets Prägung: Die Familie gehört zusammen, auch bei Zoff und Streit. Alle kommen tagaus, tagein mit so vielen Verwandten wie möglich zusammen, wohnen in der Nähe, stehen ständig in Kontakt. »*Die Familie ist das Höchste!*«

Beide hoffen, dank ihrer starken, liebevollen Beziehung über das Trennende der beiden Kulturen hinwegzukommen. Johns Vision: »*Wir träumen davon, irgendwann einmal zusammenzuleben, um herauszufinden, ob wir das überhaupt können.*«

Die Schattenseiten der ausgelebten Gefühle beunruhigen John Bockelmann derzeit auch auf der politischen Bühne: zum Beispiel der grausame Bürgerkrieg in Ruanda. John: »*Da kommt eine ungebremste Aggression zutage. Ich kann nicht verstehen, warum die Afrikaner nicht untereinander mehr zusammenhalten. Daß sich verschiedene Stämme gegenseitig so gnadenlos abschlachten... Wieso wirkt das soziale Gefühl so stark, wenn es um die Familie geht? Dagegen überhaupt nicht außerhalb der Familie, des Clans und des Stammes?*« Er versucht selbst eine Erklärung zu finden: »*Existierten diese kleinstämmigen Feindschaften in Europa früher genauso? Müssen auch die Afrikaner in die größeren Grenzen erst hineinwachsen?*«

Sieht John Rassismus auf der schwarzen Seite, meint er allerdings, daß die Schwarzen dazu auf Grund der kolonialen Unterdrückung und Sklaverei wesentlich mehr Berechtigung hätten.
Er kommt zu dem Schluß: »*Ich bin farbenblind. Die Farbgeschichte ist für mich irrelevant. Es gibt auch Schwarze, die ich nicht gut finde. Es muß doch auch möglich sein, daß ich ihnen das sage, ohne daß sie mich gleich einen Rassisten schimpfen. Man muß auch sie so behandeln, wie man jeden anderen behandeln würde. Nicht extra lieb und unterwürfig sein. Wieso? Die Hautfarbe ist völlig gleichgültig. Wir haben doch ganz andere Probleme. Wenn wir einmal keine gesunde Luft zum Atmen mehr haben, wird es ganz egal sein, ob wir dann Münchner, Amerikaner, Türken oder Afrikaner sind.*«
In der Theorie hat John Bockelmann seine Lebensphilosophie bereits festgelegt: »*Ich bin einer, der sich dafür einsetzt, daß das Wissen um die Gleichheit der Menschen zunimmt. Ich spreche darüber. Ich will diese Gleichheit herbeiführen.*«
Es ist ihm, Margaret und Michelangelo zu wünschen, daß es nicht nur bei der Theorie bleibt. □